Ogham
o oráculo dos
Druidas

Osvaldo R Feres

Ogham
o oráculo dos Druidas

Publicado em 2018 pela Editora Alfabeto

Direção Editorial: Edmilson Duran
Revisão de Textos: Luciana Papale e Gabriel Kwak
Capa: Osvaldo R Feres
Diagramação: Décio Lopes
Ilustrações: Osvaldo R Feres

DADOS INTERNACIONAIS DE CATALOGAÇÃO NA PUBLICAÇÃO (CIP)

Feres, Osvaldo R.

Ogham – O Oráculo dos Druidas | Osvaldo R Feres | 2ª edição | São Paulo: Editora Alfabeto, 2021.

ISBN 978-85-98307-56-5

1. Oráculo 2. Magia 3. Paganismo I. Título

EDITORA ALFABETO
Rua Protocolo, 394 | CEP: 04254-030 | São Paulo/SP
Tel: (11) 2351-4168 | editorial@editoraalfabeto.com.br
Loja Virtual: www.editoraalfabeto.com.br

Sumário

Prefácio

Alfabeto das Árvores, Oráculo dos Druidas, Runas dos Celtas. Esses são alguns dos nomes pelo qual o Ogham, um conjunto de sinais alfabéticos encontrados em inscrições e manuscritos ao longo da Irlanda e Ilhas Britânicas, é conhecido. Muito é dito sobre o Ogham (*Ogam*, em irlandês antigo) e não é difícil encontrar informação sobre ele com uma pesquisa rápida pela internet. Nada mais natural para um assunto que atrai tanto interesse e que, ao mesmo tempo (ou talvez justamente por isso), parece tão lacônico e misterioso. Muitas pessoas se sentem atraídas pelo Ogham pelos motivos mais diversos. Para alguns, é a mística evocada pelos celtas que os atrai, enquanto que para outros é a possibilidade de seu uso oracular e mágico que se torna um chamariz, outros ainda apontarão a ligação natural com as árvores como o que o torna atrativo. Já, para a grande maioria, a combinação de todas essas possibilidades acabará por selar o seu interesse: um alfabeto mágico de origem céltica, com semelhanças com as runas e que pode ser usado como oráculo.

Contudo, como era de se esperar, a qualidade das informações que encontramos por aí varia muito. Talvez alguns até pensem que a dificuldade de encontrar informação nativa sobre o Ogham indique que ele não precisa ser conhecido, que não é de interesse do público, ou pior, que ele sequer exista, e que, portanto, qualquer coisa possa ser dita sobre ele. Nada poderia estar mais longe da verdade. Há uma quantidade enorme de material sobre o Ogham a ser descoberta nos manuscritos irlandeses e em rochas espalhadas pela Irlanda e Grã-Bretanha. Mesmo assim, diversos autores ignoram esse imenso corpus de tradição sobre esse alfabeto, favorecendo suas interpretações pessoais sobre o significado de seus caracteres. Ainda que estejamos falando de uma tradição fragmentada e lacônica, ignorar a informação nativa existente que temos sobre os Ogham e seus *feda*[1] em troca unicamente da inspiração pessoal é, no mínimo, desonesto. Inspiração e estudo andam lado a lado dentro do druidismo (e demais espiritualidades célticas renascidas modernas) e, onde um deles for negligenciado, é aí que devemos colocar nossas dúvidas.

Esse definitivamente não é o caso de Osvaldo. Desde que se interessou pelos caminhos da espiritualidade céltica, o Ogham se tornou um dos assuntos ao qual ele mais se dedicou. Seus estudos sempre envolveram não apenas a inspiração pura, mas a sua união com o conhecimento tradicional e acadêmico, de forma harmônica e coerente. Seu objeto de estudo inclui não apenas a origem do Ogham, a natureza e significado dos seus símbolos e os seus usos tradicionais, mas também o conhecimento da própria estrutura da cosmovisão e da mitologia gaélicas, entrelaçando tudo isso com o entendimento das diversas escolas de estudo do Ogham. Assim, o autor tece uma visão ampla sobre o assunto, com uma grande possibilidade de usos e visões, mas

---

1. Letras do Ogham

sem abdicar nunca da coerência e da honestidade sobre a origem de suas fontes e inspirações.

É aí que a inspiração trabalha aliada com o bom senso para criar uma interpretação sólida do Ogham e seus usos. Osvaldo, utilizando-se de fontes confiáveis (tanto acadêmicas quanto de seu próprio conhecimento como neopagão), terminou por criar um caminho para o aprendizado sobre Ogham com linguagem acessível, enraizado na tradição literária e mitológica do mundo céltico, mas também permitindo que belos ramos de interpretação pessoal sobre o seu uso floresçam desse tronco de conhecimento. Mais do que isso, o autor não busca apresentar uma verdade única sobre o Ogham, mas sim as diversas facetas de um assunto fragmentado que foi estudado por linhas diversas de pensamento, mostrando que há variações na sua interpretação. E, unindo tudo isso, um sistema claro, conciso e coerente de uso, tanto no sentido oracular quanto mágico.

Acredito que este seja um dos melhores, senão o melhor, estudo sobre esse assunto que já vi. Digno de figurar ao lado de grandes estudiosos estrangeiros, bem como o melhor disponível no Brasil. Em nosso idioma, não há material que se compare, seja como fonte de introdução ou aprofundamento do Ogham. Será uma aquisição mais do que valiosa a todos aqueles que se interessam ou andam pelos caminhos do druidismo ou da espiritualidade céltica, bem como aos que se interessam por oráculos e ferramentas mágicas do mundo antigo. Principalmente em nosso país, onde material prezando a coerência e fontes confiáveis é minoria dentro do mercado editorial.

Wallace William de Souza
Dirigente da Ordem Druídica Ramo de Carvalho

Introdução

Wallace William de Souza

Celtas, Druidas e o Ogham

Não é de hoje que o nome *celta* evoca um enorme interesse. Na verdade, a fascinação que os celtas provocam é praticamente proporcional ao grau de desinformação que grande parte da população tem sobre eles. Um mundo de relatos sobre pacíficas sociedades matriarcais que foram oprimidas pelo cristianismo propagados por escritores e romancistas New Age entra em contraste com visões profundamente belicosas sobre bandos de guerreiros bárbaros sanguinários e colecionadores de cabeças, que tinham na batalha sua única fonte de prazer e que, por sua vez, destoam de descrições de antiquários europeus dos séculos 18 e 19, que viam seus antepassados como "nobres selvagens", guerreiros heroicos esquecidos que eram guiados pela sabedoria filosófica dos druidas. Alguma dessas descrições é mais próxima da realidade do que as outras? Ainda que todas tenham o seu grau de acuidade, nenhuma delas realmente corresponde a uma realidade histórica precisa sobre os celtas. Mas então, o que sabemos realmente sobre eles?

Bom, antes de tudo, acredito que deve ser explicado que os tais celtas dificilmente chamavam a si mesmos de *celtas*. Esse nome foi usado pela primeira vez por cronistas gregos para descrever povos (Κελτοί) que viviam nas cercanias do Danúbio. Após isso, a palavra foi usada por autores gregos e romanos para descrever povos que viviam na Europa ocidental, principalmente na Gália e partes da Ibéria. Esses povos, entretanto, tinham identidades fortemente tribais, portanto, dificilmente se identificariam com uma nomenclatura geral. Na Gália, especificamente, foi formada uma grande federação de tribos (que, de acordo com Júlio César, no seu *De Bello Gallico*, chamavam a si mesmas de *celti* no seu próprio idioma) que incluía arvernos, helvécios, bellovacos, armóricos e tantos outros que viviam lutando entre si tanto quanto outros povos. Os povos das Ilhas Britânicas ou da Irlanda nunca foram chamados de celtas na Antiguidade. No século 17, estudos linguísticos mostraram que a língua galesa (falada no País de Gales) tinha um parentesco com a gaélica (falada na Irlanda) e que ambas eram aparentadas ao já desaparecido gaulês (falado na Gália até meados do século 5). Nesse momento, a palavra *celta* passou a designar um ramo linguístico: celtas eram os povos que falavam (ou teriam falado, no passado) uma língua celta.

Descobertas arqueológicas posteriores uniram o celtibérico e outros idiomas (falados em regiões da Península Ibérica no passado) à lista. Mas a evolução dos estudos históricos, bem como o nascimento da Arqueologia e da Antropologia ajudaram a definir melhor quem seriam os celtas mediante estudo dos seus artefatos e da sua estrutura social. Assim, a terminologia *celta* pode ser utilizada para designar populações diversas, mas, usando-a de modo amplo, ela descreve povos que viveram no passado europeu, que falavam idiomas aparentados e que tinham uma estrutura social básica comum (ainda que existisse variações em todos os aspectos). Esses povos tinham uma estrutura social tripartida, baseada em uma casta agrária e produtora, uma elite guerreira (do qual nasciam seus reis e chefes) e um grupo erudito/sacerdotal que aconselhava os seus líderes e preservavam o seu conhecimento, estes normalmente conhecidos como *druidas*. Esses povos, embora partilhassem características em comum e tivessem a mesma origem na Europa Central, eram fortemente tribais e belicosos, lutando constantemente entre si e com seus vizinhos romanos, gregos e germanos. Embora tenham se espalhado por praticamente toda a Europa Ocidental e mesmo partes da Oriental, chegando até a Turquia, eles nunca se uniram sob uma única autoridade, nunca constituindo um Império Celta. Dentre os vários grupos celtas conhecidos estão os gálatas (da Turquia, inclusive citados na Bíblia, na famosa Epístola de São Paulo), os gauleses (das atuais França, Suíça, Bélgica, Áustria, sul da Alemanha e norte da Itália), os celtiberos (da Espanha) e outros povos da Ibéria (os povos de cultura Castreja, como os callaecos e os vetões, das atuais Galícia, Astúrias e norte de Portugal, não costumam ser vistos como celtiberos, mas como uma variação própria local de cultura céltica), os britônicos da Grã-Bretanha (hoje restritos ao País de Gales e Cornualha, além de ter migrado para o antigo território dos Aremorici da Gália, criando a Bretanha Francesa) e os gaélicos (da Irlanda e da Ilha de Man, além de terem migrado para a Escócia e tornado sua cultura dominante). Ainda há povos sobre os quais restam dúvidas, mas que também podem ter sido parte do mundo céltico, como os tartéssicos (do sul da Espanha e de Portugal) e os pictos (do norte da Grã-Bretanha, principalmente Escócia).

Os celtas se estabeleceram por uma extensão territorial tão grande que alguns estudiosos chegaram a se referir a eles como "os primeiros mestres da Europa". Contudo, a sua organização em grupos tribais e a falta de unidade política os tornaram vulneráveis aos seus vizinhos de ambições imperiais. A ascensão do Império Romano representou a queda do domínio céltico na Europa Continental e na Grã-Bretanha (ainda que diversas características da sua cultura tenham permanecido vivas entre suas populações). No entanto, a Irlanda, mesmo que sua conquista tenha sido cogitada por Roma, nunca chegou a ser vítima da águia romana. As conquistas na Europa e na Grã-Bretanha já tinham mostrado custos altos demais para o Império, que já começava a ter problemas internos; além disso, a própria Grã-Bretanha havia se mostrado problemática demais, no qual, a conquista do Norte (habitada pelos tenazes pictos) acabou não prevalecendo. Devido a isso, a Irlanda permaneceu com sua cultura céltica (do ramo gaélico) e tribal, livre do governo romano.

Os irlandeses não estavam isolados do mundo. Sua cultura com fortes valores guerreiros fazia com que eles atacassem constantemente as costas da Grã-Bretanha, e hoje temos evidências de contatos irlandeses com povos da Europa Continental também. Assim, os irlandeses (conhecidos então pelo nome de escotos) conheciam a cultura que era trazida por Roma, mesmo que de forma indireta. Ainda assim, a Irlanda permaneceu governada por seus reis e chefes tribais, cultuando valores heroicos, com druidas representando seus eruditos, aconselhando seus reis e mantendo seu próprio conjunto de leis por muito mais tempo que os outros celtas (com a possível exceção dos pictos). Entranto, mesmo que a Irlanda não tivesse sofrido a transformação radical que o domínio romano trouxe às outras regiões, esse contato com o mundo exterior (principalmente por meio de escravos capturados e do comércio) trouxe influências para o solo irlandês. E dessas influências, aquela que mais interessou aos antigos chefes guerreiros, apreciadores de uma cultura heroica e que ansiavam por ter suas lendas preservadas pela eternidade, foi a escrita.

Não há certeza de quando a escrita começou a se tornar um fator decisivo na cultura irlandesa, mas é fato que ela começou a se espalhar pelo mundo gaélico em um momento em que seu domínio estava principalmente nas mãos dos missionários do cristianismo, a religião do Império. Os chefes tribais irlandeses, interessados no uso da escrita para a perpetuação das suas lendas, tradições e contos familiares, terminaram por promover o nascimento de uma cultura monástica de eruditos locais, onde os monges utilizavam suas habilidades em favor de seus patronos em troca da sua proteção e permissão de pregar o Evangelho. As lendas atribuem a cristianização da Irlanda a São Patrício, mas ele já encontrou diversas comunidades cristãs bem estabelecidas na ilha quando chegou (isso se ele realmente existiu, algo que é posto em dúvida atualmente pelos historiadores).

Porém, a Irlanda (e sua relação com a escrita) ainda carrega mistérios. Um deles é o Ogham. Um sistema de escrita que está preservado em diversas rochas ao longo da ilha, bem como regiões da Escócia e País de Gales (possivelmente levadas ou entalhadas por colonos irlandeses que chegaram a esses locais), onde cada letra possui uma série de significados simbólicos atribuídos, sendo que o *Crann Ogham*, o Alfabeto das Árvores é o mais conhecido. Suas origens são nebulosas. A mitologia atribui sua criação ao próprio Oghma, um Deus da comunicação e da eloquência da cultura céltica. Historiadores já sugeriram que sua origem poderia estar desde o século 1 AEC [2], até o século 5 EC[3]. Alguns sugeriram que é uma criação própria, outros teorizaram que ele foi baseado no alfabeto latino, outros ainda sugeriram que ele teria nascido a partir de um antigo sistema de contagem de gado.

Muitos mistérios cercam o Ogham, o Alfabeto das Árvores e Oráculo dos Druidas. Este trabalho ajuda a elucidar muitos deles. Agora que conhecemos um pouco sobre os povos celtas e o local onde o Ogham nasceu, podemos nos dedicar ao seu estudo.

---

2. Antes da Era Comum.
3. Era Comum

Ogham, o Oráculo dos Druidas

O que é Ogham

O Ogham (pronuncia-se oh-am) ou em irlandês antigo Ogam (og-am) é um antigo alfabeto irlandês composto por vinte letras, também chamadas de *feda* (madeiras; no singular: *fid*), divididas em quatro *aicmí* (grupos, classes ou famílias; no singular: *aicme*) de cinco letras cada. Posteriormente foram acrescidos cinco ditongos chamados *forfeda* (singular, *forfid*).

A palavra *beith-luis-nin* se refere ao conjunto de letras ogâmicas, essa palavra é formada a partir da junção da primeira, da segunda e da quinta letra Ogham, algo parecido com a nossa palavra *alfabeto*, formada pelas letras gregas *alfa* e *beta*. Esse alfabeto complexo nunca foi utilizado como escrita corrente em manuscritos, pois os caracteres derivados de marcas numéricas são facilmente confundidos, o que dificultaria uma leitura fluída de um texto longo.

Durante o período medieval, as letras do Ogham foram associadas a árvores e arbustos e o alfabeto passa a ser popularmente conhecido como *Crann Ogham* ou o Ogham das Árvores, entretanto, os nomes das letras têm origem diversa e nem todas são provenientes de nomes de árvores.

Evidências arqueológicas sugerem que as inscrições ogâmicas surgiram no sul da Irlanda entre os séculos 4 e 5 EC. As primeiras inscrições conhecidas foram gravadas em pedras e indicam, principalmente, marcas territoriais e monumentos memoriais tumulares. A maioria das inscrições ogâmicas encontra-se na Irlanda, contudo, algumas inscrições também são encontradas no País de Gales, Inglaterra, Escócia e Ilha de Man. Essas inscrições estão em irlandês arcaico e indicam apenas nomes próprios e sua ascendência ou origem tribal. No País de Gales, a maioria das inscrições ogâmicas são acompanhadas de inscrições latinas. As palavras que mais aparecem acompanhadas de nomes próprios são *maqi* (filho), *mucoi* (tribo) e *koi* (aqui jaz).

As letras eram esculpidas nas bordas das pedras (*droim*) e lidas de baixo para cima e da esquerda para a direita ao longo da borda da pedra, estendendo-se ao outro lado. Em Ogham manuscrito, as inscrições iniciam-se com o sinal > *eite* (pluma).

Como dito, *forfeda* é um grupo de ditongos que foram adicionados posteriormente ao conjunto de 20 *feda* do Ogham original. Há poucas inscrições Ogham que apresentam os *forfeda* e, acredita-se, que nem todos eles eram originalmente ditongos.

Sabe-se que o *forfid Iphín*, por exemplo, era conhecido como *Pin* (de pinus, pinheiro ou *spina*, espinheiro em latim) e era utilizado como equivalente à letra P do alfabeto latino, som desconhecido em irlandês antigo. Posteriormente esse *forfid* passou a ser descrito como o ditongo IO e para representar a letra P foi criado, pelos estudiosos medievais, uma nova letra, *Peith*.

Os estudiosos medievais associaram cada *forfid*, assim como cada *fid*, a uma árvore ou arbusto. No entanto, somente o *forfid Iphín* aparentemente tem origem em nome de árvore, no caso, pinheiro ou espinheiro.

Os *forfeda* aparecem poucas vezes em inscrições Ogham, com exceção do *forfid Éabhadh* ou *Ébad*, que foi utilizado para expressar a letra K, referente à palavra *Koi*. Segundo McManus[4], essa expressão significa algo como "aqui jaz" e é o equivalente ogâmico da expressão latina *Hic Iacit*.

Atualmente, baseando-se em algumas passagens da mitologia irlandesa, o Ogham é popularmente utilizado como oráculo, semelhante às runas ou aos alfabetos grego e hebraico. É justamente de seu aspecto oracular que este livro tratará.

Pedra Ogham de Kilmalkeader[5]

4. Damian McManus, professor do Trinity College Dublin, especialista em língua irlandesa antiga e clássica, poesia bárdica e Ogham.

5. Imagem de domínio público.

Alfabeto Ogham

Ogham		Nome da Letra	Tradução
ᚔ	I	Idad	Teixo
ᚓ	E	Edad	(?)
ᚒ	U	Úr	Terra/Solo
ᚑ	O	Onn	Freixo
ᚐ	A	Ailm	Grito (?)
ᚏ	R	Ruis	Vermelhidão
ᚎ	Ss/Z	Straif	Enxofre
ᚍ	nG	nGétal	Ferir
ᚌ	G	Gort	Jardim
ᚋ	M	Muin	Amor/Pescoço
ᚊ	Q	Quert	Arbusto/Trapo
ᚉ	C	Coll	Aveleira
ᚈ	T	Tinne	Lingote
ᚇ	D	Duir	Carvalho
ᚆ	H	hÚath	Terror/Medo
ᚅ	N	Nion	Forquilha
ᚄ	S	Saille	Salgueiro
ᚃ	F/V	Fearn	Amieiro
ᚂ	L	Luis	Chama/Erva
ᚁ	B	Beith	Bétula

Forfeda

Ogham		Nome da Letra	Tradução
ᚙ	AE	Eamhancholl	Gêmeo da Aveleira
ᚘ	IO	Pin ou Iphín	Espinho/Mel
ᚗ	UI	Uilleann	Cotovelo
ᚖ	OI	Óir	Ouro
ᚕ	EA	Ébad	Salmão (?)

Varetas Ogham

Crann Ogham

Ogham	Nome da Letra	Tradução
ᚔ	Idad	Teixo
ᚓ	Edad	Álamo-tremedor
ᚒ	Úr	Urze
ᚑ	Onn	Tojo
ᚐ	Ailm	Abeto-prateado
ᚏ	Ruis	Sabugueiro
ᚎ	Straif	Espinheiro-negro
ᚍ	nGétal	Giesta
ᚌ	Gort	Hera
ᚋ	Muin	Videira
ᚊ	Quert	Macieira
ᚉ	Coll	Aveleira
ᚈ	Tinne	Azevinho
ᚇ	Duir	Carvalho
ᚆ	hÚath	Espinheiro-alvar
ᚅ	Nion	Freixo
ᚄ	Saille	Salgueiro
ᚃ	Fearn	Amieiro
ᚂ	Luis	Sorveira-brava
ᚁ	Beith	Bétula

Como usar este livro

Este livro foi elaborado tanto para os leigos, quanto àqueles que querem se aprofundar em estudos mais avançados. Procuro demonstrar que o Ogham pode ser utilizado como oráculo por qualquer pessoa, independentemente de credo, raça, sexo ou religião. Devo ressaltar que, por se tratar de um alfabeto de origem celta irlandesa, utilizado atualmente como oráculo, devemos respeitar sua origem celta, isto é, qualquer pessoa pode utilizar o Ogham de forma oracular, desde que respeite sua origem e não faça associações com outras culturas ou com outros oráculos, pelo menos não no início dos estudos.

Creio que para o aprendizado do Ogham é preciso passar por três etapas essenciais. A primeira etapa é estudar e saber distinguir a linha de pensamento do autor e qual fonte ele consultou para chegar ao significado oracular, isso é importante, pois todo significado possui fundamento. A segunda etapa consiste em meditar, entrar em contato com as letras, com as árvores, espíritos, inconsciente, etc. Na terceira e última etapa, em que o estudante já possui um conhecimento bem consistente, poderá se arriscar a fazer associações e criar suas próprias interpretações.

Muitos me perguntam se o Ogham é um oráculo de conselhos, de autoconhecimento ou um oráculo preditivo. Bem, respondo que é um oráculo completo que visa não somente a prever acontecimentos, mas atua também como um verdadeiro conselheiro (assim como os antigos druidas eram os conselheiros dos reis celtas). Dessa forma, creio que o oráculo demonstra as tendências futuras por meio de acontecimentos presentes. O futuro é responsabilidade única e exclusivamente do consultante, ele é senhor do seu destino e pode mudar ou não o que quiser mediante os conselhos que o oráculo lhe proporcionará. O Ogham é um oráculo repleto de símbolos que devem ser interpretados para diversos fins, e a proposta deste livro é esclarecer os significados desses símbolos e suas análises.

No primeiro capítulo do livro procuro descrever as principais teorias das origens históricas e mitológicas do Ogham de forma sucinta, para que a leitura não se torne um fardo. É fundamental que o leitor estude esse capítulo para compreender as fontes de que me valho para desenvolver os significados oraculares que serão apresentados no capítulo seguinte.

Também explico no primeiro capítulo, aquilo que denominei de Escolas de Ogham. Assim como há diversas escolas de interpretação oracular de Tarô, Lenormand e Runas, há também escolas de interpretação de Ogham, com diferenças relevantes que devem ser levadas em consideração, para que o leitor consiga distinguir suas principais características e, dessa forma, escolher aquela que melhor se adapta ao seu perfil.

As interpretações oraculares aqui apresentadas têm como base principal a Escola Reconstrucionista[6], ou seja, procuro nos escritos históricos medievais, nas origens dos nomes das letras e na mitologia celta (irlandesa, galesa e escocesa), o significado oracular de cada letra, mas não descarto totalmente os significados oraculares de outras escolas.

No segundo capítulo há, de forma clara e completa, diversas associações que são de extrema importância para o desenvolvimento do estudo deste oráculo, como cores, pássaros, símbolos, simbologia numérica e palavras Ogham. Todas essas associações agregam conhecimento e não devem ser descartadas.

---

6. Veja Escolas de Ogham.

Nesse capítulo é possível encontrar um breve comentário com associações mitológicas de cada letra ogâmica e seu significado oracular completo. Além dos significados completos, há também os significados dos Três Mundos, que consistem em um método oracular que será ensinado no último capítulo. No final da explicação de cada letra, proponho que o estudante faça uma pequena pesquisa de alguns mitos, símbolos e do uso folclórico das árvores e plantas tradicionalmente associadas às letras. Não pule essa pesquisa, ela irá auxiliá-lo no estudo e ampliará seus conhecimentos tanto de Ogham, quanto de cultura e mitologia celtas.

Optei pelo simbolismo numérico quíntuplo ao simbolismo vigesimal[7], dessa forma, as letras de cada *aicme* vibrarão o simbolismo numérico de 1 a 5, variando de acordo com a natureza da letra. Consequentemente, *Beith*, a primeira letra do *aicme*, sofrerá influência do número 1 e as primeiras letras dos grupos seguintes sofrerão a mesma influência, contudo, com enfoques diferentes. E assim será com as demais letras. Segue uma pequena elucidação do simbolismo numérico adotado por mim, fundamentado na tradição celta e na simbologia pitagórica:

1. Número da unidade e unicidade, simboliza o Sol, o olho do céu e o começo.
2. Número do equilíbrio, simboliza a união ou repulsão de dois elementos antagônicos.
3. Considerado um número místico pelos celtas, representa a triplicidade da vida e a estrutura do Universo (terra, céu e mar).
4. Representa o fundamento e a estabilidade, simboliza a pedra cúbica, o interior e as quatro estações.

---

7. Relativo ao número 20.

5. Esse número representa as províncias da Irlanda, portanto, simboliza o mundo, a tribo e a comunidade. Remete ao infinito. É o *quincunce*.[8]

O ideal é que cada *fid* seja estudado por vez, seguindo a ordem tradicional, estudando uma letra a cada três dias no máximo. No final de cada *aicme* ou grupo, é importante que o estudante faça uma reflexão da relação que as letras têm entre si. Isso fará com que a percepção da estrutura do oráculo seja assimilada e contribuirá para uma interpretação oracular mais coesa.

No terceiro capítulo, há uma útil explanação sobre magia celta e como utilizar o Ogham para diversos fins mágicos e talismânicos. Exponho também alguns métodos oraculares utilizados por mim com alguns exemplos de tiragem.

Por fim, no último capítulo, explico como utilizar o baralho que acompanha este livro e como consagrá-lo.

Nos apêndices coloco o resumo dos significados das três escolas de interpretação de Ogham, com algumas palavras-chave, o que facilitará em uma consulta rápida e também como forma de comparação entre as escolas.

Espero que gostem e aprendam a usar essa ferramenta oracular fantástica que é o Ogham.

---

8. Disposição geométrica de cinco elementos.

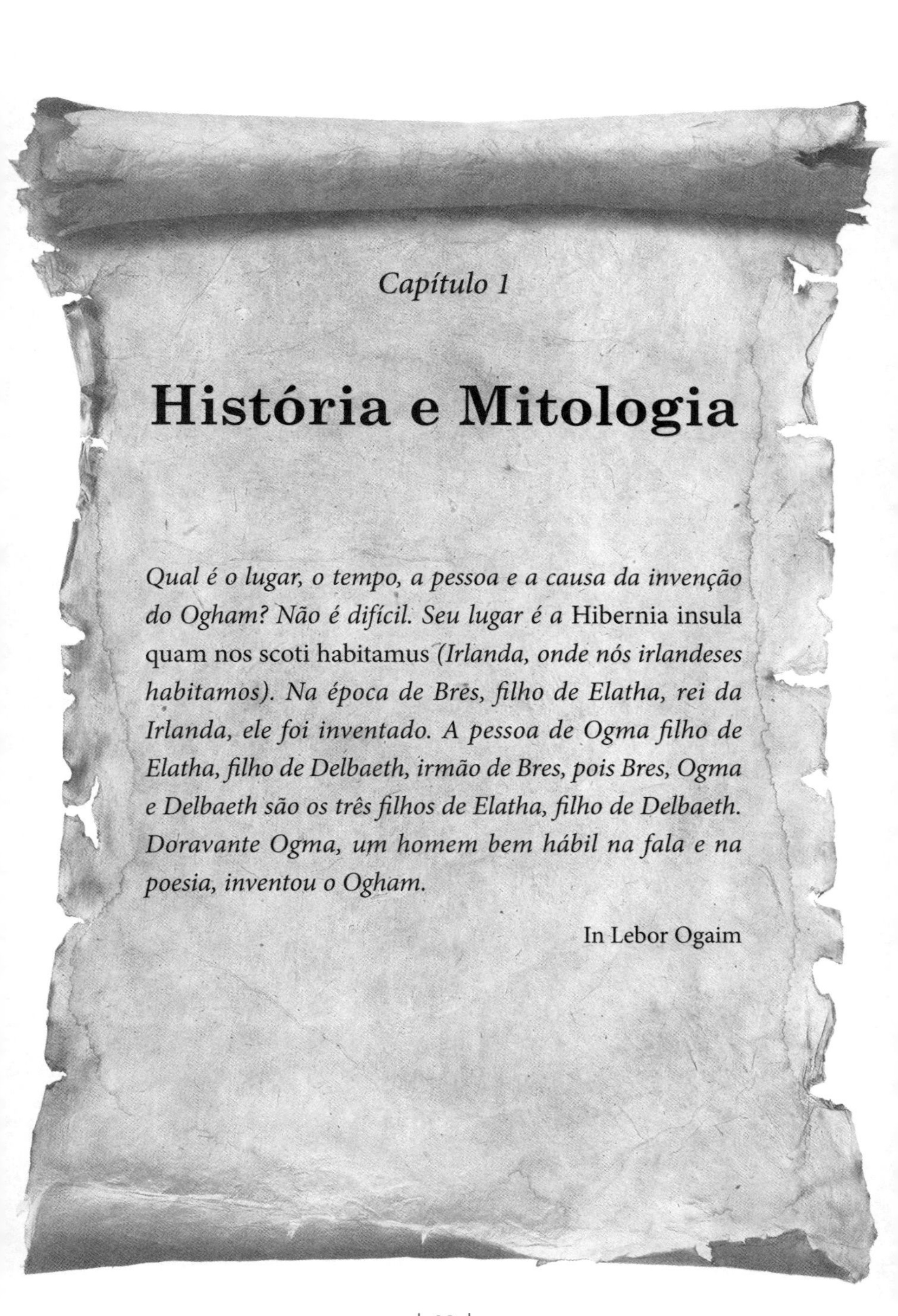

Capítulo 1

História e Mitologia

Qual é o lugar, o tempo, a pessoa e a causa da invenção do Ogham? Não é difícil. Seu lugar é a Hibernia insula quam nos scoti habitamus *(Irlanda, onde nós irlandeses habitamos). Na época de Bres, filho de Elatha, rei da Irlanda, ele foi inventado. A pessoa de Ogma filho de Elatha, filho de Delbaeth, irmão de Bres, pois Bres, Ogma e Delbaeth são os três filhos de Elatha, filho de Delbaeth. Doravante Ogma, um homem bem hábil na fala e na poesia, inventou o Ogham.*

In Lebor Ogaim

História

Devido a sua forma pouco usual, acredita-se que o Ogham, em sua origem, foi elaborado como um código secreto por sacerdotes druidas[9] para enviar pequenas mensagens de cunho político ou religioso, gravadas em madeira, em oposição ao alfabeto latino e ao Império Romano. Pesquisas linguísticas indicam que o Ogham surgiu séculos antes das primeiras inscrições em pedra, dessa forma, supõe-se que o alfabeto foi criado no período em que romanos e irlandeses mantinham contatos comerciais ou disputas territoriais.

A contenda entre druidas celtas e romanos é antiga. Os focos de resistência contra os romanos provinham, principalmente, de centros druídicos, onde os druidas como líderes religiosos e políticos incentivavam as tribos celtas a resistirem ao domínio romano, o que levou posteriormente à proibição do druidismo em terras conquistadas por Roma. Como a Irlanda nunca foi conquistada por Roma, é provável que os druidas que viviam por lá tenham mantido viva essa rivalidade com os romanos, o que talvez os tenha motivado a criar um alfabeto que rivalizasse com o latim.

9. Membros da classe sacerdotal celta, descritos como conselheiros políticos, juízes, magos, médicos e guardiões do conhecimento.

Outra teoria, proposta por McManus, indica que o Ogham surgiu entre as primeiras comunidades cristãs na Irlanda, pois tinham dificuldade em registrar em alfabeto latino a língua irlandesa e se viram obrigados a criar um alfabeto próprio. Porém, em diversos monumentos ogâmicos há registros de nomes associados a animais, árvores e possíveis referências aos deuses irlandeses, e há também, pelo menos uma pedra ogâmica com a palavra druida, o que indica talvez sua origem pré-cristã. Nas lendas celtas irlandesas, há indícios de que o Ogham foi utilizado por druidas para enviar mensagens secretas, lançar encantamentos e também como método oracular, reforçando sua origem pagã. Não posso deixar de mencionar que algumas pedras ogâmicas se encontram hoje em igrejas cristãs, e que em certas pedras há inscrições acompanhadas de cruzes e símbolos cristãos.

De qualquer forma, tenha origem cristã ou druídica, o que sabemos é que o Ogham se origina a partir do alfabeto latino em estrutura gramatical, enquanto que o formato das letras provém de algum antigo código primitivo de contagem.

Gestos e números

O estudioso R.A.S. Macalister acreditava que o Ogham foi inventado por druidas gauleses por volta do ano 500 AEC como um código de sinais com as mãos. Hoje, essa teoria é descartada pela maioria dos estudiosos e encarada, muitas vezes, como fantasiosa, pois já foi comprovado que o Ogham surgiu exclusivamente para transcrever a língua irlandesa primitiva. Apesar da malfadada teoria de Macalister, podemos dizer que ela foi muito importante para o ressurgimento do Ogham entre os neopagãos, principalmente através da obra de Robert Graves.

Ogham e sinais de mão

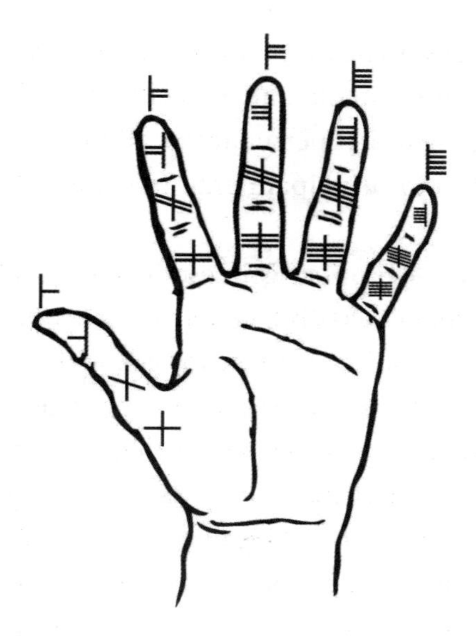

Os linguistas e celticistas Joseph Vendryes e Rudolf Thurneysen foram os primeiros a propor que o Ogham se baseia em um método de contagem primitivo a partir de marcas entalhadas. É possível que a forma mais antiga de registros ogâmicos surgiu do sistema de contagem vigesimal e, com o passar do tempo, os sinais individuais passaram a ter diversos significados, além dos numéricos. Hoje, o sistema numérico ogâmico é utilizado principalmente pelos druidas modernos, como uma forma de gematria[10], além disso, o código numérico é uma forma de desvendar os segredos da poesia celta, que foi preservada pelos *fili.*[11]

---

10. Código alfanumérico de origem hebraica que atribui valores numéricos a nomes, palavras ou frases.

11. Ou *Filid*. Membros de uma classe de poetas e profetas da antiga Irlanda, ligados aos antigos druidas.

Poesia e textos medievais

As inscrições em pedras, conhecidas como "escrita ortodoxa", duraram aproximadamente até o século 6 ou 7, entretanto, o conhecimento ogâmico permaneceu ativo durante o período medieval, mantido principalmente por meio de poesias e da tradição oral.

A partir do século 7 surgem escritos que explanam sobre a estrutura do Ogham, suas diversas formas de escrita críptica e suas associações mnemônicas com vários elementos, como árvores, rios, reis, cores, etc., além de registrar suas origens míticas.

Os manuscritos sobre Ogham são: o *Auraicept na nÉces*[12], que trata sobre gramática irlandesa, o *De dúilib feda na forfid*, que trata sobre os *forfeda*, e o *In Lebor Ogaim*[13], a principal fonte de informações do Ogham nesse período. Conhecido como "escolástico"[14], esse período é o segundo marco no registro do Ogham e recebe esse nome para se diferenciar do período dito "ortodoxo".

A maior contribuição do período escolástico foi o registro do *Bríatharogam*[15], um conjunto de palavras que explica os significados dos nomes das letras. Essas palavras viriam ter grande importância no desenvolvimento dos significados oraculares dos quais fazemos uso até os dias atuais.

Utilizado como base para o ensino de gramática e regras métricas na poesia gaélica, o livro *Auraicept na n-Éces* contribuiu para que os poetas e bardos perpetuassem o conhecimento ogâmico por séculos. O estudo do Ogham era obrigatório para os *fili* no início de seus estudos poéticos.

---

12. Primeiro tratado dos estudiosos ou dos poetas.
13. Tratado de Ogham.
14. Também conhecido como o período do Ogham manuscrito.
15. Palavra Ogham.

Página do *Livro de Ballymote*, de 1390 [16]

16. Imagem de domínio público.

Vale salientar, que a poesia e o canto eram elementos importantes na magia dos antigos druidas irlandeses. O canto retórico mágico ou encantamento poético é conhecido em irlandês antigo como *Rosc* e era capaz de fazer os próprios deuses se curvarem. É dito que os druidas eram capazes de feitos incríveis, tanto para abençoar e profetizar, quanto para amaldiçoar, utilizando apenas o encantamento poético adequado.

Entre os séculos 17 e 18, o irlandês Roderic O'Flaherty e o galês Edward Lhuyd foram os primeiros historiadores que se interessaram pela estrutura do Ogham, elevando-o ao estudo acadêmico.

Renascimento ogâmico

Após um hiato de séculos, é somente no final do século 19, com as poesias e pesquisas de Samuel Ferguson, que o Ogham volta a ganhar destaque entre os estudiosos acadêmicos e não acadêmicos.

Já na primeira metade do século 20, Robert Graves, influenciado pelas teorias de R. A. Stewart Macalister, Sir James George Frazer e Margaret Murray, publica, em 1948, o livro *A Deusa Branca: uma gramática histórica do mito poético*. Esse livro é um marco nos estudos esotéricos e oraculares do Ogham, pois é o precursor de diversas escolas de interpretação que surgirão na segunda metade do século 20.

O livro explora a mitologia celta galesa e irlandesa, bem como um suposto mito pan-europeu centrado na figura de uma Grande Deusa, associada à Lua, evidenciada na literatura, na mitologia e na poesia antiga. O livro sugere que o monoteísmo é a causa da queda e esquecimento da Deusa Branca, adorada pelos poetas como sua musa inspiradora.

Para Robert Graves, o alfabeto Ogham é um antigo calendário celta baseado nas árvores, contendo um código secreto que envolve o famoso poema galês *Cad Goddeu*[17].

Apesar de sua grandeza poética, *A Deusa Branca* foi duramente criticada por estudiosos acadêmicos, pois há diversas incongruências históricas e muitos erros de interpretação mitológica, começando pelo suposto Calendário Celta das Árvores. Esse calendário não possui nenhuma ligação histórica ou cultural com os celtas insulares ou continentais.

Segue o calendário criado por Graves, inspirado no Ogham:

Beth	bétula	24 dez. – 20 jan.
Luis	sorveira-brava	21 jan. – 17 fev.
Nion	freixo	18 fev. – 17 mar.
Fearn	amieiro	18 mar. – 14 abr.
Saille	salgueiro	15 abr. – 12 mai.
Uath	pilriteiro	13 mai. – 9 jun.
Duir	carvalho	10 jun. – 7 jul.
Tinne	azevinho	8 jul. – 4 ago.
Coll	aveleira	5 ago. – 1 set.
Muin	videira	2 set. – 29 set.
Gort	hera	30 set. – 27 out.
nGétal	junco	28 out. – 24 nov.
Ruis	sabugueiro	25 nov. – 22 dez.
Dia Extra		23 de dezembro

17. *A Batalha das Árvores*. Poema medieval galês atribuído ao bardo Taliesin.

Fica evidente que esse calendário não possui origem celta, pois sabemos que o Ano-Novo celebrado pelos celtas acontecia no auge do outono, no período conhecido em irlandês como *Samhain*, cujo correspondente gaulês é *Samonios*, e não no Solstício de Inverno, como propõe Robert Graves.

Além disso, a associação do Ogham com o poema galês *A Batalha das Árvores* é refutada por muitos estudiosos de mitologia e cultura celta. No entanto, é uma associação muito criativa. Já a conexão que ele fez entre o poema irlandês *A Canção de Amergin* e seu suposto calendário, torna-se extremamente artificial, pois o poema traduzido por Graves não é o original, é, na verdade, uma adaptação para que as linhas do poema se encaixem aos meses do calendário das árvores que ele mesmo criou.

Mesmo com esse apanhado de erros históricos, o livro foi muito bem aceito pela crescente comunidade pagã que se desenvolveu na Europa Ocidental nos últimos anos após a publicação do livro, resultando em um verdadeiro renascimento pelo interesse do Ogham.

O livro *A Deusa Branca* é essencial aos atuais estudiosos de Ogham, mas ressalto que ele deve ser encarado como um livro de poesia e não como um livro histórico. Não há como negligenciar sua importância para o desenvolvimento do Ogham como oráculo.

Escolas de Ogham

A partir das décadas de 1970 e 1980, houve um crescente interesse por temas celtas e druídicos, propagados por livros como *As Brumas de Avalon* e a popularização da Wicca nos países europeus e na América do Norte.

No final da década de 1980, o casal Liz e Colin Murray lançaram o livro *Celtic Tree Oracle*, acompanhado de um belíssimo baralho de cartas inspirado no Ogham e ilustrado por Vanessa Card. Esse livro é um marco moderno no estudo do Ogham. Fortemente influenciado pelo livro de Robert Graves, *A Deusa Branca*, ele torna o alfabeto mais acessível e de fácil compreensão aos interessados, um verdadeiro guia oracular sintético e funcional.

O casal Murray buscou nas lendas, nos costumes populares e no folclore das árvores associadas às letras ogâmicas, os significados oraculares das cartas, popularizando aquilo que denominei de Escola das Árvores. Essa escola de estudo oracular, fundamenta-se essencialmente no *Crann Ogham*, ou seja, no Ogham das Árvores. Tem como característica principal a associação das letras com as árvores descritas nos manuscritos medievais e, em alguns casos, as letras são associadas às árvores nativas de diversas regiões ao redor do mundo.

Apesar de se fundamentarem nos costumes e folclores celtas, quando se deparam com lacunas, muitos seguidores dessa escola optam por buscar em fontes não celtas os significados oraculares das letras, valendo-se muitas vezes da mitologia nórdica e grega.

Na década de 1990, aquilo que chamo de Escola das Árvores se populariza, e diversos autores contribuem com suas próprias interpretações, sempre utilizando como referência o livro *A Deusa Branca* e os costumes populares relacionados às árvores em terras celtas.

Ainda na década de 1990, Erynn Rowan Laurie percebe a necessidade de buscar em fontes históricas mais consistentes os significados oraculares dos *feda*, partindo do princípio de que nem todas as letras têm origem no nome de árvores.

Erynn, além de contribuir grandemente para o estudo do Ogham, sob uma ótica histórica, também contribuiu para fundar o movimento reconstrucionista celta. O reconstrucionismo busca em fontes históricas e arqueológicas as bases para a prática da espiritualidade celta adaptadas aos dias de hoje. Dessa forma, denominei essa segunda escola de estudo do Ogham de Escola Reconstrucionista.

A Escola Reconstrucionista busca, como dito anteriormente, em fontes medievais, históricas e arqueológicas os significados oraculares das letras, no entanto, valem-se também da GPN (ou UPG no original), ou seja, Gnose Pessoal Não Verificada. A gnose pessoal não verificada ou não comprovada é um termo que visa a diferenciar fontes atestadas historicamente de experiências ou percepções pessoais, assim, essa escola não descarta os significados oraculares que o indivíduo obtém por meio de meditações ou percepções espirituais, tornando a interpretação oracular menos rígida, em que não há a necessidade, por exemplo, de comprovar a origem histórica ou tradicional de determinados significados em uma leitura oracular[18].

A terceira escola de estudo do Ogham, é a que denominei de Escola do Esoterismo Ocidental. Em meus estudos, percebi que além das duas principais escolas citadas, há uma terceira, que, muitas vezes, não se diferencia da Escola das Árvores ou da Escola Resconstrucionista, alternando os significados entre uma e outra, não obstante, há uma característica particular, que é a grande influência do esoterismo ocidental em suas interpretações.

---

18. Devo ressaltar que a gnose pessoal não comprovada ou a gnose pessoal compartilhada (experiência mística em grupo) não contradiz fatos conhecidos e comprovados.

O esoterismo ocidental é o conjunto de crenças e práticas esotéricas comuns, principalmente, na Europa Ocidental, incluindo elementos da magia medieval, fortemente influenciada pela cabala e pelos quatro elementos, além da astrologia, tarô, geomancia e crenças celtas, como a celebração dos festivais sazonais. O esoterismo ocidental se popularizou com a publicação e divulgação de textos da antiga Ordem Hermética da Aurora Dourada (ou *Hermetic Oder of Golden Dawn* no original). Desde então, esse conjunto de crenças e práticas vem influenciando diversas outras ordens esotéricas ao redor do mundo e a interpretação de alguns oráculos, dentre eles, o Ogham.

A principal característica dessa escola é a associação das letras ogâmicas a diversos elementos esotéricos como os quatro elementos, a astrologia, mitologia, tarô, runas, magia, etc.

Meu objetivo em separar as diversas interpretações de Ogham em escolas é o de facilitar o estudo e compreender as fontes de que cada autor se utiliza para chegar ao significado oracular, possibilitando, assim, a escolha de uma linha de estudos a seguir.

Este livro baseia-se na Escola Reconstrucionista (veja em anexo o resumo dos significados das três escolas), mas não se sinta obrigado a seguir uma ou outra escola. Muitos estudiosos e praticantes de Ogham em seu aspecto oracular não seguem nenhuma das escolas anteriormente citadas, permeando entre uma e outra ou se utilizando de suas próprias experiências, não seguindo um conceito preestabelecido, sem perder o sentido de suas práticas oraculares.

Ainda assim, é de grande importância o estudo dessas escolas para que possamos compreender a origem dos significados oraculares das letras ogâmicas, explorados nos próximos capítulos.

Mitologia

Segundo o Tratado de Ogham, o criador do alfabeto ogâmico foi Ogma mac Elathan. Ogma é membro dos Tuatha Dé Danann [19], considerado um de seus grandes campeões, conhecido como *Milbél* (boca de mel) e *Grianianech* (face solar), uma referência à sua capacidade poética e ao seu rosto radiante ou sorridente.

Na Segunda Batalha de Mag Tuired, os Tuatha Dé Danann foram subjugados e oprimidos pela titânica e monstruosa raça fomoriana, pois Bres, o rei que havia substituído Nuada, descendente de ambas as raças (deuses e titãs), fez com que os grandiosos deuses o servissem, impondo, inclusive, pesados impostos.

Durante esse período, Ogma, o grande Deus campeão, foi obrigado a recolher lenha, mas, devido à falta de alimento e a opressão sofrida por Bres, Ogma tornou-se fraco até a chegada de Lugh, que ao lado de Ogma e Dagda, venceram e expulsaram os fomorianos das terras irlandesas.

Em alguns relatos Ogma é descrito como filho de Elathan, um rei fomoriano, consequentemente, meio-irmão de Bres. Sua mãe é Ethliu (Ethniu), portanto, é meio-irmão por parte de

---

19. Tribo dos Deuses da Arte, ou, segundo alguns, Tribo da Deusa Dana. Antigos deuses irlandeses.

mãe do Deus Dagda e do Deus Lugh. Seus filhos são Tuireann, o trovejante, e Delbaeth, o que possui formato de fogo, o que talvez evidencie que Ogma foi adorado como um Deus celeste ou solar, com filhos que representavam raios e trovões.

J. A. MacCulloch sugere que Ogma é o equivalente irlandês do Deus gaulês Ogmius, descrito por Luciano de Samósata como um Deus sorridente, similar ao epíteto de Ogma face solar. Ogmius é o Deus da eloquência e foi equiparado ao herói grego Héracles, mais uma vez, algo muito similar à descrição de Ogma, considerado o campeão dos deuses. Luciano retrata Ogmius como um Héracles de tez escura que possui correntes que saem de sua língua e se prendem aos ouvidos de um grupo de homens, representando seu poder de persuasão e eloquência.

No *In Lebor Ogaim*, é assim descrita a origem mítica do Ogham:

> Qual é o lugar, o tempo, a pessoa e a causa da invenção do Ogham? Não é difícil. Seu lugar é a *Hibernia insula quam nos scoti habitamus* (Irlanda, onde nós irlandeses habitamos). Na época de Bres, filho de Elatha, rei da Irlanda, ele foi inventado. A pessoa de Ogma filho de Elatha, filho de Delbaeth, irmão de Bres, pois Bres, Ogma e Delbaeth são os três filhos de Elatha, filho de Delbaeth. Doravante Ogma, um homem bem hábil na fala e na poesia, inventou o Ogham. A causa de sua invenção, como prova de sua perspicácia e seu discurso que pertence aos instruídos, excluindo os rústicos e pastores.

Segundo esse mesmo manuscrito, é dito que o pai do Ogham é o Ogma, e a mãe, é a mão ou a faca de Ogma. A primeira letra escrita em Ogham foi a letra *Beith*, marcada sete vezes em uma madeira de bétula para avisar o Deus Lugh que sua esposa será levada sete vezes ao País das Fadas, a menos que a bétula possa protegê-la.

Deus Ogma

Os nomes das letras do Ogham surgem da escola de poesia de Fenius Farsaidh. Fenius foi um rei cita que viajou com um séquito de eruditos para estudar as diversas e confusas línguas espalhadas pelo mundo, causadas pela queda da Torre de Babel. Após anos de estudo, Fenius e seus eruditos criaram a "língua escolhida", isto é, o gaélico, escolhendo aquilo que há de melhor nas diversas línguas. Dentre os eruditos que auxiliaram na criação do gaélico, os vinte e cinco mais nobres nomearam o *bethe-luis-nin* do Ogham. Uma versão da lenda diz que foi o próprio Fenius quem criou o alfabeto Ogham.

A criação do Ogham

Ainda no Tratado de Ogham, segundo outra variação da lenda da nomeação das letras, é dito que é das árvores da floresta que os nomes foram dados às letras ogâmicas, ou seja, *Beith* recebe seu nome da bétula; *Luis* do olmo; *Fearn* do amieiro; *Saille* do salgueiro; *Nin* da ponta da lança ou da urtiga; *hÚath* do espinheiro-branco; *Duir* do carvalho; *Tinne* do azevinho ou do sabugueiro; *Coll* da aveleira; *Quert* do azevinho, da sorveira ou do álamo-tremedor; *Muin* da videira de hidromel; *Gort* do campo de trigo ou do abeto; *nGétal* da giesta; *Straif* da mata de salgueiro; *Onn* do tojo ou do freixo; *Úr* do espinheiro; *Edad* do teixo; *Idad* da sorva; *Ébad* da erva-campeira; *Óir* da fuseira (também conhecida como evônimo-europeu); *Uilleann* da hera; *Pin* ou *Ifin* do pinheiro e *Emancoll* da hamamélis, pois é semelhante à aveleira ou a letra C em dobro.[20]

Outra figura mitológica associada ao Ogham é a grande Deusa Brigit, considerada atualmente uma das patronas do Ogham, ao lado de Ogma, pois é a padroeira dos poetas e da poesia.

Brigit ou Brigid é assim descrita no *Glossário de Cormac*[21]:

> Brigit, ou seja, uma poetisa, filha do Dagda. Esta é Brigit, a sábia, ou a mulher de sabedoria, isto é, Brigit, a Deusa a quem os poetas adoravam, pois muito grande e muito famoso era seu cuidado protetor. É por isso que eles a chamam de a Deusa dos poetas, por esse nome. Cujas irmãs eram Brigit, a médica (mulher que cura) e Brigit, a ferreira (mulher da forja), de cujos nomes todos os irlandeses chamaram uma Deusa de Brigit.

Brigit é comparada à Deusa galo-romana e romano-britânica Brigantia, que significa A Elevada, e que, por sua vez, foi associada à Deusa romana Vitória ou Minerva.

No período medieval, a Deusa Brigit foi cristianizada e se tornou Santa Brígida, que foi adorada em um convento em Kildare (*cill dara*, "igreja do carvalho"), onde dezenove freiras cuidavam de uma chama perpétua, símbolo da inspiração que a santa/deusa concedia.

---

20. Perceba que a lista encontrada no Tratado de Ogham é ligeiramente diferente das árvores tradicionalmente associadas aos *feda*.

21. Glossário escrito no século 9 por Cormac mac Cuilennáin. Contém etimologias e explicações de diversas palavras em irlandês, inclusive, citações de deuses e deusas pré-cristãos.

Deusa Brigit

Brigit é descrita com uma chama no alto da cabeça, símbolo de sua divindade e da inspiração. Acredita-se que ela seja herdeira de um antiquíssimo culto indo-europeu a uma Deusa da aurora e da purificação, associada ao fogo, à arte, à poesia e à cura.

Uma das passagens mitológicas mais famosas envolvendo o Ogham é encontrada no antigo texto *Tochmarc Étaíne*[22]. Na história, o druida Dalan fez varinhas de teixo e escreve sobre elas letras ogâmicas. Através de sua sabedoria poética e das varas ogâmicas, o druida revela que Étain estava no *Sídhe*[23] de Bri Leith, levada por Midir. Essa passagem é uma das poucas que evidencia que o Ogham pode ter sido utilizado como oráculo pelos antigos druidas irlandeses.

22. O cortejo de Étain.

23. Colina Encantada ou das Fadas.

Cosmologia Celta

Acredita-se que os celtas concebiam o mundo de forma tripartida, ou seja, céu, terra e mar. Esse sistema tríplice aparece em diversos contos mitológicos e históricos, citados principalmente em juramentos, descrevendo a fúria da natureza e o temor que os homens tinham do "céu caindo sobre suas cabeças, o mar subindo de sua margem e a terra se abrindo aos seus pés".

Esses três reinos são mantidos em seus lugares, equilibrados, graças à Árvore do Mundo ou *bile*, que os sustenta em um eixo vertical. A *bile*, Árvore Sagrada, é também citada como uma árvore de pedra no folclore irlandês, a *Cloch a Bhíle*, A Pedra da Árvore, descrita como uma árvore de pedra que cresce no fundo de um lago e é sagrada para a Deusa Aine e seu filho Gearoid Iarla que a escalavam para acessar o Outro Mundo.

Sendo assim, entendemos que a *bile* poderia ser tanto uma árvore, sagrada para uma determinada tribo, como uma pedra erguida, que assumia o papel de pilar do mundo.

Na mitologia galesa, a correspondente da *bile* gaélica talvez seja a árvore verde e incandescente descrita como a divisora entre o mundo dos mortais e o mundo dos imortais, de um lado sempre verde e florida e do outro sempre em chamas.

Devo ressaltar, entretanto, que não há na mitologia celta nada parecido com a *Yggdrasil* nórdica em evidência. Baseando-se no folclore e nos mitos, supõe-se que os celtas, assim como os nórdicos e eslavos, compreendiam o eixo do mundo como uma árvore ou pilar, o que é provado pelo conceito de *bile*, a árvore sagrada que ocupava um papel central nas tradições da tribo.

Interpretação da cosmologia celta

Assim como descrito, a cosmologia celta é tripartida, porém, diferentemente da popular divisão em céu, terra e mar, creio que haja um eixo vertical, representado normalmente por uma árvore sagrada (*bile*) ou pedra erguida (raramente uma montanha) que liga o céu, a terra e o Submundo, e um eixo horizontal que divide a terra em quatro direções com o mar ao seu redor (o oceano que circula a terra é tema comum em várias cosmologias indo-europeias: grega, eslava, nórdica e iraniana). Compreendo o mar, nesse caso, como uma extensão da terra no eixo horizontal, enquanto o Submundo ficaria em seu devido lugar, abaixo da terra no eixo vertical.

Isto posto, a divisão cosmológica celta, segundo minha interpretação, ficaria assim:

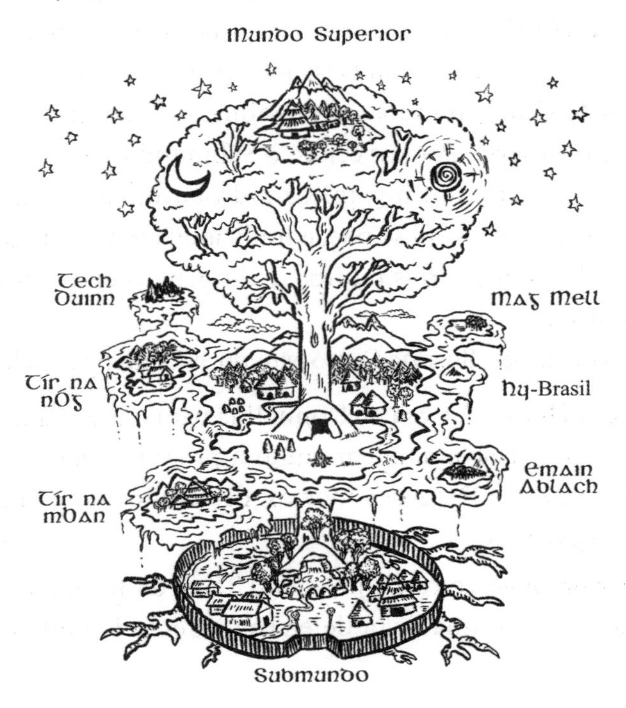

No centro, como eixo do mundo, está a *bile*, que liga todos os reinos. Na copa da árvore, encontra-se o Mundo Superior, conhecido como *Albios* na mitologia gaulesa, morada dos deuses celestiais, os que controlam o clima, a chuva e os ventos. Também é onde estão os corpos celestes, ou seja, os planetas, as estrelas, o Sol e a Lua (o Sol e a Lua não estão fixos na copa da árvore, mas movimentam-se pelos mundos). Acredita-se que os corpos celestes foram deificados pelos antigos celtas. Creio, também, que o Mundo Superior é habitado por deuses primordiais, muitas vezes hostis aos humanos, descritos como gigantes em estatura e poder.

No centro da árvore, em seu tronco, encontra-se o Mundo Médio, morada de todos os seres vivos, humanos, animais, vegetais e outros. Aqui está o nosso mundo, repleto de vida e espíritos da natureza, além dos deuses civilizatórios e selvagens. Ao redor do Mundo Médio encontra-se o oceano no eixo horizontal, cheio de ilhas, e além da nona onda (fronteira entre os mundos) estão as Ilhas do Outro Mundo, onde as almas de guerreiros e heróis continuam a viver. Para os celtas, o Submundo é a morada dos mortos, algo comum nos mitos indo-europeus, contudo, o Oeste, lugar onde o Sol se põe, é tradicionalmente a direção na qual as almas dos heróis mortos se dirigem, acompanhando o Sol além-mar.

As principais Ilhas do Outro Mundo, na mitologia gaélica são:

- ***Tech Duinn***: A Casa de Donn. Ilha para onde as almas dos mortos viajavam, aguardando a próxima reencarnação. Donn é um Deus dos mortos, descrito como o ancestral dos gaélicos.
- ***Tír na nÓg***: Terra do Jovem ou Terra da Juventude. Descrita como uma terra de eterna juventude onde não há

doença ou velhice e é frequentemente visitada por heróis em Immram[24].

- ***Tír na mBan***: Terra das Mulheres. Terra paradisíaca habitada por mulheres fadas, visitada por Bran mac Febail e Máel Dúin.
- ***Mag Mell***: Planície da Alegria. Morada de heróis e ocasionalmente visitada por aventureiros.
- ***Hy-Brasil***: Ilha Encantada a oeste, no Oceano Atlântico. Descrita como uma ilha fantasma que vaga pelo oceano envolta em brumas.
- ***Emain Ablach***: Emain das Maçãs. É o reino paradisíaco do Deus do mar Manannán Mac Lir. Seu equivalente galês é Ynys Afallach e na mitologia medieval ficou conhecida como Insula Avalonsis ou Avalon, a ilha para onde foi levado o corpo moribundo do rei Arthur.

Talvez algumas ilhas tenham nomes distintos para um mesmo local no Outro Mundo.

No centro do Mundo Médio está um *Sídhe*[25], Monte das Fadas, passagem para o Submundo. Abaixo, nas raízes da árvore, está o Submundo, reino dos ancestrais, fadas e deuses ctônicos. Esse local, descrito como a morada dos deuses ancestrais Tuatha Dé Danann, compartilha com as Ilhas do Outro Mundo como o local de descanso dos mortos, conhecido na mitologia galesa como *Annwn*, o Submundo, morada de todos os que morreram de forma natural, acidente ou doença. No centro do Submundo está o Poço de Segais, fonte de todo conhecimento e sabedoria, cercado pelas nove aveleiras sagradas.

---

24. Contos irlandeses que falam de jornadas pelo mar.
25. *Sídhe* ou *sidh* pode se referir a um monte encantado ou ao povo das fadas.

O Ogham e a cosmologia celta

Mas, afinal, onde o Ogham se encaixa na cosmologia celta?

Segundo Michel Kelly em seu livro *The Book of Ogham*, o diagrama conhecido como Janela de Fionn é a representação da Árvore do Mundo celta. Como vimos, a cosmologia celta é composta por Três Mundos, o Mundo Médio onde vivemos, o Submundo e o Mundo Superior. Esses mundos, por sua vez, são divididos em quatro direções ou províncias.

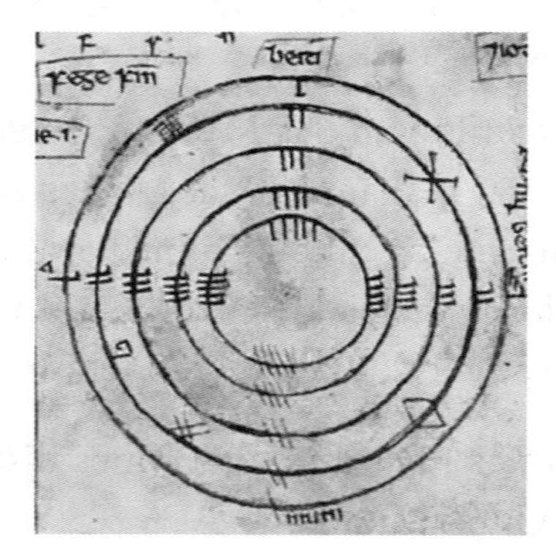

Janela de Fionn encontrada no Livro de Ballymote

O primeiro anel da Janela de Fion, composto pelos primeiros *feda* de cada *aicme*, ou seja, *Beith*, *hÚath*, *Muin* e *Ailm*, indica as quatro direções do Submundo, o anel seguinte, composto pelas segundas letras de cada grupo, seriam os quatro caminhos que ligam o Mundo Médio ao Submundo. O terceiro anel é formado pelas quatro direções do Mundo Médio e o quarto anel representa os quatro caminhos que ligam o Mundo Médio ao Mundo Superior e, finalmente, o quinto e último anel são as quatro direções do Mundo Superior. O eixo central não é um caminho, mas sim o meio pelo qual a energia flui entre os mundos, formando o seguinte diagrama:

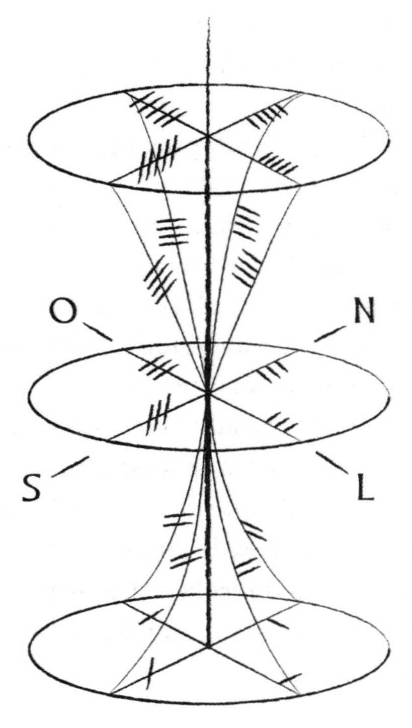

Cosmologia Celta e Ogham

Para Erynn Rowan a Janela de Fionn (*Féige Find*) também é a representação do eixo do mundo, que liga os Três Mundos. Erynn propõe que a Janela de Fion foi colocada na cumeeira da casa celta da Idade do Ferro. No centro, está o poste que sustenta o telhado, e os *feda* compõem as hastes ao redor. Curiosamente, nas casas celtas da Idade do Ferro não havia janelas, mas um buraco na cumeeira, por onde passava a fumaça da fogueira que ficava no centro da casa. Os *feda* seriam como estrelas que giram ao redor da Árvore do Mundo ou da estrela polar.[26]

26. Erynn Rowan. *Ogam: Weaving Word Wisdom.*

Ainda sobre a Janela de Fionn, Erynn Rowan afirma que aparentemente a *Féige Find* não tem ligações com as direções cardeais da tradição esotérica ocidental ou com a divisão da Irlanda em províncias (para cada província há uma qualidade ou característica atribuída como: batalha ao Norte; prosperidade ao Leste; música ao Sul e aprendizagem ao Oeste) ou mesmo com os quatro tesouros dos Tuatha Dé Danann (o Caldeirão do Dagda, a Lança de Lugh, a Espada de Nuada e a Pedra de Fál). Ainda assim, mesmo sem uma ligação histórica, acho essas associações interessantes, mas com algumas ressalvas.

A melhor forma de trabalhar com a Janela de Fion é meditando sobre cada anel, como se fossem portais ou caminhos que ligam os reinos pela Árvore do Mundo. Uma boa forma de fazer essa meditação é através de jornadas espirituais, partindo do centro para as quatro direções e depois para cima ou para baixo, utilizando os *feda* como caminhos a serem explorados, que ligam reinos distantes.

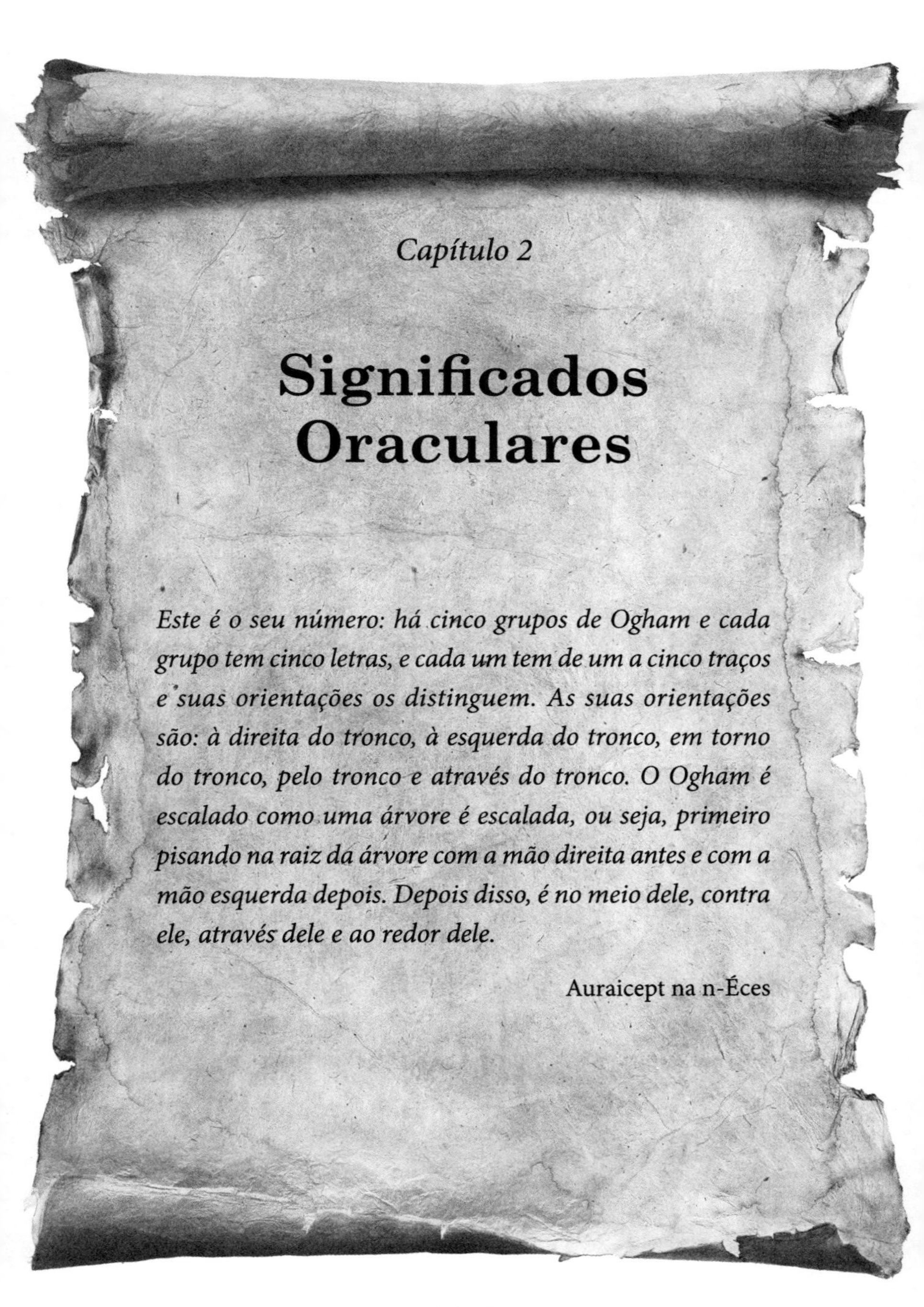

Capítulo 2

Significados Oraculares

Este é o seu número: há cinco grupos de Ogham e cada grupo tem cinco letras, e cada um tem de um a cinco traços e suas orientações os distinguem. As suas orientações são: à direita do tronco, à esquerda do tronco, em torno do tronco, pelo tronco e através do tronco. O Ogham é escalado como uma árvore é escalada, ou seja, primeiro pisando na raiz da árvore com a mão direita antes e com a mão esquerda depois. Depois disso, é no meio dele, contra ele, através dele e ao redor dele.

Auraicept na n-Éces

Aicme Beith

DIREÇÃO: *Íaruss* - Oeste

PROVÍNCIA DA IRLANDA: *Connacht*

SIGNIFICADO: *fis* - conhecimento

REGE: inícios, origens, energia e inspiração.

O primeiro *aicme* está associado aos deuses e ancestrais, aqueles que formam a base do conhecimento e sabedoria dos celtas, a fonte de inspiração.

Na tradição arbórea esse *aicme* é simbolizado pela raiz, a origem e fundamento da árvore.

Algumas tradições associam cada *aicme* a um ponto cardeal, o *aicme Beith* está associado ao Oeste e ao conhecimento. Entretanto, alguns o associam ao Norte e à batalha.

1
ᚁ
Beith

Beith

PURIFICAÇÃO/RENOVAÇÃO

LETRA: B

PRONÚNCIA: bé

TRADUÇÃO: bétula

COR: *bán* – branco

PÁSSARO: *besan* – faisão

CLASSE: camponês

SIMBOLOGIA: bosque de bétulas

LIVRO OGHAM DAS MADEIRAS: "Tronco rugoso de cabelos finos"

PALAVRA OGHAM DE MORAINN MAC MOÍN: *féochos foltchain*
"Pé murcho e cabelos finos"

PALAVRA OGHAM DE MAIC IND ÓC: *glaisem cnis*
"A mais prateada das peles"

PALAVRA OGHAM DE CON CULAINN: *maise malach*
"A beleza das sobrancelhas"

Beith significa bétula, a primeira letra do alfabeto ogâmico. *Beith* foi gravado sete vezes em um ramo de bétula pelo Deus Ogma, para avisar ao Deus Lugh que sua esposa seria levada sete vezes à Terra das Fadas, a menos que a bétula a protegesse. Essa letra está associada à cor branca, que representa pureza, divindade e purificação. Na mitologia celta, a cor branca estava associada aos deuses e fadas. A palavra *Finn*, em gaélico, e *Gwen*, em galês significa tanto branco como divino e encontramos essas palavras em nomes de algumas divindades e heróis celtas.

Por ser a primeira letra do alfabeto, *Beith* representa novos inícios ou o recomeço de uma fase, mas, para isso, é preciso se livrar das antigas energias, ou seja, limpar-se e purifcar-se de velhos padrões.

Beith é uma letra que indica um aviso que está para chegar, um alerta ou uma mensagem. Como está associado à purificação e renovação, essa letra está ligada ao Festival de Imbolc, o festival da purificação dedicado à Deusa Brigit, quando era comemorada também a lactação das ovelhas.

Ramos de bétula eram utilizados para varrer e limpar ambientes de energias negativas.

Simbolismo numérico

O número 1 em *Beith* simboliza o início de um dia, o nascer do sol que dissipa as brumas da dúvida e faz surgir o orvalho que fertilizará a natureza. Representa o recomeço de um ciclo e a limpeza que dará lugar ao novo.

Três Mundos

- *Talam* (físico/material): purificação, limpeza, notícia, novidade.
- *Muir* (emocional/sentimental): ansiedade, inquietação, novas emoções.
- *Nem* (espiritual/mental): proteção contra ataques mágicos, novas ideias.

Significados oraculares

Beith, o primeiro *fid*, significa purificação, limpeza, novidades, notícias, mensagens, alertas e eloquência. É o momento de se livrar daquilo que é velho e o impede de prosseguir. Representa o renascimento e o recomeço de uma situação, um novo projeto ou uma nova fase na vida do consultante.

Em seu aspecto negativo, *Beith* significa que o consultante passará por um período de provação, dor ou sofrimento, pois faz parte do processo de purificação. O desafio é sair da zona de conforto e abraçar o novo, livrando-se de antigas energias.

Em uma visão mais esotérica, representa contatos com fadas e seres divinos, assim como mensagens do Outro Mundo. Não é descartada a possibilidade de perigo envolvendo o *Sídhe*, pois é um *fid* de alerta e atenção. Também representa a chegada da primavera e o florescer de uma nova fase.

Uso mágico do fid

- Purificação e limpeza de ambientes
- Renovação de energia
- Dar início a um novo projeto

Uso mágico da bétula

- Confecção de vassouras mágicas
- Pedidos
- Afastar o mal

Pesquise

a) O significado simbólico da cor branca
b) Lendas associadas à Deusa Brigit e ao Deus Ogma, os patronos do Ogham
c) Costumes folclóricos relacionados à bétula

2
Luis

Luis

Iluminação/Sustento

Letra: L

Pronúncia: lush

Tradução: chama ou erva

Árvore: sorveira-brava

Cor: *liath* – cinza

Pássaro: *lachu* – pato

Classe: camponês

Simbologia: fogo no alto da cabeça da Deusa Brigit

Livro Ogham das Madeiras: “Deleite dos olhos”

Palavra Ogham de Morainn mac Moín: *lí súla*
“Brilho dos olhos”

Palavra Ogham de Maic ind Óc: *carae cethrae*
“Amigo do gado”

Palavra Ogham de Con Culainn: *lúth cethrae*
“Sustento do gado”

Originalmente o nome dessa letra significa chama ou erva, e nas palavras Ogham vemos que *Luis* representa o sustento do gado. Para os antigos celtas irlandeses o gado era o símbolo máximo da prosperidade, portanto, *Luis* está ligada ao sustento, ganhos e riqueza.

O nome do Deus Lugh talvez tenha a mesma origem etimológica da palavra *Luis*, que significa Luz. Lugh é o Deus de muitas habilidades que venceu seu avô Balor, o do olho mau, símbolo dos aspectos negativos do Sol, com sua lança mágica simbolizando o raio e a fertilidade da chuva.

Essa letra também é referida nas palavras Ogham como o brilho dos olhos e, na mitologia celta, o Sol é frequentemente descrito como o olho do céu. Está ligada ao fogo, símbolo da inspiração e da iluminação divina, conhecido como *Awen* em galês e *Imbas* em irlandês.

No Festival de Beltane, que acontece no primeiro dia de maio e marca o início do verão, o gado era solto nos pastos e os antigos druidas conduziam esses animais por duas grandes fogueiras encantadas, para protegê-los de doenças.

A sorveira-brava foi utilizada em terras celtas para proteção contra magia.

Simbolismo numérico

O número 2 em *Luis* simboliza a dualidade entre o divino e o terreno, ou seja, o fogo da inspiração que provém das divindades e o fogo que aquece o alimento, que sustenta e acalenta o corpo físico.

Três Mundos

- *Talam* (físico/material): prosperidade, vigor, concretização.
- *Muir* (emocional/sentimental): prazer, vontade, desejo.
- *Nem* (espiritual/mental): inspiração, iluminação, vidência, boas ideias.

Significados oraculares

Luis, o segundo *fid*, significa sustento, riqueza, fertilidade, ganhos, prosperidade, alimento, dinheiro, vidência, proteção, inspiração, soluções, animais, energia, provisão, jogos, competições, juventude e a cura de enfermidades. Representa a inspiração, a vitalidade e o sustento na vida do consultante.

Em seu aspecto negativo *Luis* significa ataques psíquicos e estagnação financeira. O momento pede que o consultante se proteja de energias nefastas que estão a caminho.

Em uma visão mais esotérica, esse *fid* simboliza a vidência, ou seja, o olho do Sol que tudo vê, assim como a capacidade poética e a inspiração divina, dádiva da Deusa Brigit, que provém do Fogo Sagrado, presente no centro dos rituais druídicos como um dos elementos primordiais, ao lado da Água.

Uso mágico do fid

- Cura de animais
- Inspiração e vidência
- Atrair a prosperidade e a vitalidade

Uso mágico da sorveira-brava

- Proteção mágica e psíquica
- Viagens seguras
- Afastar os maus pensamentos

Pesquise

a) O significado simbólico do fogo e do gado
b) Lendas associadas ao Deus Lugh
c) Costumes folclóricos relacionados à sorveira-brava

3

Fearn

Fearn

Proteção/Defesa

Letras: F, V

Pronúncia: férn

Tradução: amieiro

Cor: *flann* - vermelho

Pássaro: *faelinn* – gaivota

Classe: chefe

Simbologia: escudo

Livro Ogham das Madeiras: "A linha de frente do bando de guerreiros de escudos de amieiro"

Palavra Ogham de Morainn mac Moín: *airenach fían* "Vanguarda de guerreiros"

Palavra Ogham de Maic ind Óc: *comét lachta* "Recipiente do leite"

Palavra Ogham de Con Culainn: *dín cridi* "Proteção do coração"

Fearn significa amieiro, árvore resistente à água, de sua madeira eram feitos escudos, baldes e pontes. Está associada ao mito do Deus galês Bran, o abençoado.

No mito, o Deus gigante Bran utiliza seu próprio corpo como ponte para que seu exército atravesse um rio. Bran é descrito como um grande Deus que porta um escudo com ramos de amieiro, e o nome de seu sobrinho, Gwern, filho de Branwen, significa amieiro em galês. Gwern foi assassinado por seu tio Efnysien e sua morte simboliza o sacrifício do rei para assegurar a vida da tribo e a renovação da natureza.

As palavras Ogham se referem a essa letra como Vanguarda dos Guerreiros, ou seja, os escudos de proteção e Guarda do Leite, isto é, o balde. Dessa forma, *Fearn* representa os limites e a proteção do corpo físico, emocional e espiritual.

Simbolismo numérico

O número 3 em *Fearn* simboliza a estrutura e segurança dos Três Mundos (céu, terra e mar), assim como os escudos que protegem o corpo físico, emocional e espiritual de qualquer investida. Representa também os três círculos de fogo que circundam a cidade mística do Outro Mundo.

Três Mundos

- *Talam* (físico/material): proteção, contenção, ordem, economia.
- *Muir* (emocional/sentimental): isolamento, solidão, distanciamento.
- *Nem* (espiritual/mental): cautela, pensamentos limitados.

Significados oraculares

Fearn o terceiro *fid*, significa proteção, resguardo, retiro, afastamento, guardar, poupar, economizar, travessias, cautela, precaução, defesa, solidão, reflexão, cuidado, soldados, limites e contenção. Representa todo tipo de proteção, seja física, mental ou espiritual.

Em seu aspecto negativo, *Fearn* significa isolamento, depressão, dureza de sentimentos e paralisação. Às vezes é necessário que o consultante abaixe a guarda, seja mais compreensivo e receptivo.

Em uma visão mais esotérica, esse *fid* simboliza a capacidade de atravessar a ponte entre os mundos, aceitar as perdas e os sacrifícios necessários para o desenvolvimento espiritual e reconhecer a natureza cíclica da vida, morte e renascimento, simbolizada pelo caldeirão de Bran.

Uso mágico do fid

- Defesa do corpo, da mente e do espírito
- Impor limites em alguma situação
- Encantamentos que necessitem de segurança

Uso mágico do amieiro

- Tinta mágica
- Encantamentos de coragem e confiança
- Sucesso nos negócios

Pesquise

a) O significado simbólico do escudo e da ponte
b) Lendas associadas à Deusa Branwen e ao Deus Bran
c) Costumes folclóricos relacionados ao amieiro

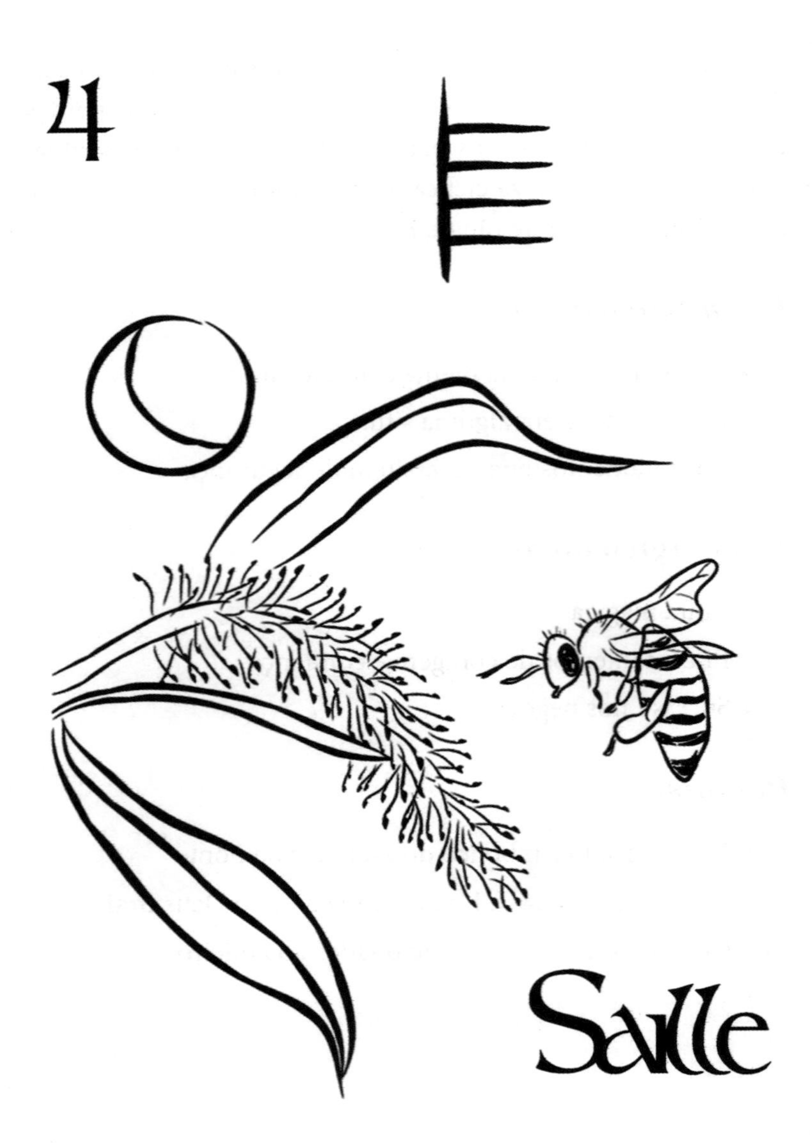
4
Saille

Saille

INTUIÇÃO/SOBERANIA

LETRA: S

PRONÚNCIA: sáli-â (o "â" no final é um som neutro, bem fraco e irreconhecível)

TRADUÇÃO: salgueiro

COR: *sodath* – cor nobre, delicada

PÁSSARO: *segh* – falcão

CLASSE: camponês

SIMBOLOGIA: lua, flor de salgueiro e abelha

LIVRO OGHAM DAS MADEIRAS: "A cor de alguém sem vida, semelhante à cor de uma pessoa morta"

PALAVRA OGHAM DE MORAINN MAC MOÍN: *lí ambi*
"Palidez de um sem vida"

PALAVRA OGHAM DE MAIC IND ÓC: *lúth bech*
"Sustento das abelhas"

PALAVRA OGHAM DE CON CULAINN: *tosach mela*
"Início do mel"

Saille significa Salgueiro, árvore tradicionalmente ligada à água, à Lua e ao universo feminino. Nas palavras Ogham, essa letra se associa às abelhas e ao mel. A junção de mel e água forma uma das bebidas alcoólicas mais apreciadas pelos celtas, o hidromel.

Nas lendas, a Deusa da Soberania é descrita como uma velha horrenda que desafia o herói a beijá-la. Se ele aceitar o desafio, a Deusa se transforma em uma linda donzela e oferece ao futuro rei uma taça de hidromel como símbolo de sua benção. Portanto, *Saille* representa o aspecto sombrio de nosso próprio ser que deve ser encarado de frente, sem medo.

Essa letra também está ligada à morte, impurezas (água parada) e ao ciclo lunar.

Simbolismo numérico

O número 4 em *Saille* simboliza o cercado do mundo interior, nosso jardim secreto interno, que se mantém longe dos olhares alheios. Representa também os ciclos das quatro estações.

Três Mundos

- *Talam* (físico/material): soberania, fenecimento, ciclos.
- *Muir* (emocional/sentimental): introspecção, carência, silêncio.
- *Nem* (espiritual/mental): sombra, intuição, enigmas.

Significados oraculares

Saille, o quarto *fid* significa intuição, soberania, enigmas, a sombra, domínio feminino, autoconhecimento, intoxicação, impureza, emoções, ciclo lunar, fluir, o limiar entre o mundo dos vivos e o mundo dos mortos (água e névoa), instinto, percepção, silêncio e sensação. Como é um *fid* feminino, pode representar uma mulher na vida do consultante, como sua mãe ou sua esposa, caso ele seja do sexo masculino, ou a própria consultante caso ela seja do sexo feminino. Normalmente representa uma mulher mais velha, sábia, com características de rainha ou matriarca.

Em seu aspecto negativo, *Saille* significa o fim de um ciclo, a morte e o processo de finalização e negação que muitas vezes é doloroso. Também pode significar intoxicações, contaminações, doenças do sangue e impurezas.

Em uma visão mais esotérica, esse *fid* simboliza nossa sombra, aquilo que está em nós, mas não queremos ver, nem reconhecer. O desafio é afrontar nossa Bruxa horrenda, apaixonar-se por ela e fazer com que mostre sua real face, a face da Donzela da Soberania que há dentro de nós.

Uso mágico do fid

- Despertar a intuição
- Realização dos sonhos
- Reconhecimento da sombra e da autoridade feminina

Uso mágico do salgueiro

- Fertilidade
- Conquista do amor
- Sonhos vívidos

Pesquise

a) O significado simbólico da água e do mel
b) Lendas associadas às Deusas da Soberania (Dama do Lago, Medb, Étain)
c) Costumes folclóricos relacionados ao salgueiro

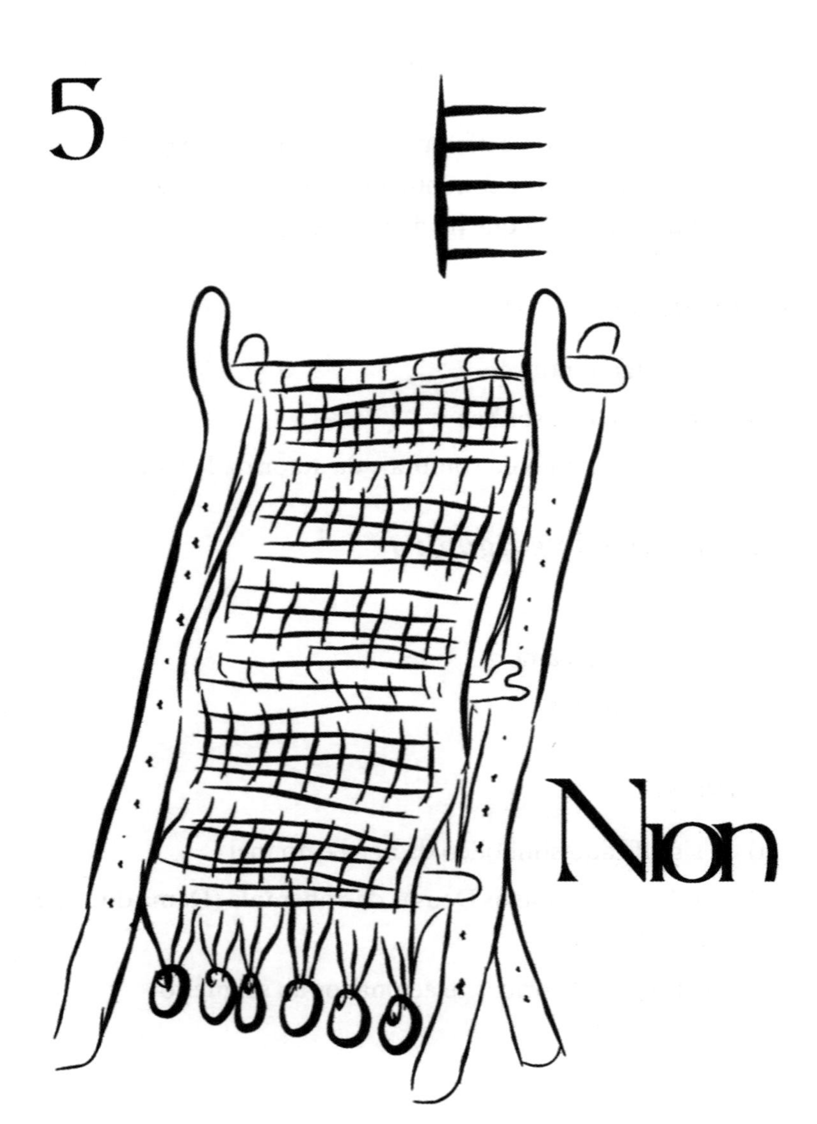
5
Nion

Nion

FEMINILIDADE/PAZ

LETRA: N

PRONÚNCIA: niôn

TRADUÇÃO: forquilha

ÁRVORE: freixo

COR: *necht* – cor clara

PÁSSARO: *naescu* – narceja

CLASSE: chefe

SIMBOLOGIA: tear

LIVRO OGHAM DAS MADEIRAS: "Conferência da paz, pois é dela que se faz as lanças pelas quais a paz é quebrada, ou do ventre do tear, que é feito de freixo, pois é em tempos de paz que os teares são erguidos"

PALAVRA OGHAM DE MORAINN MAC MOÍN: *costud síde*
"Estabelecer a paz"

PALAVRA OGHAM DE MAIC IND ÓC: *bág ban*
"Orgulho das mulheres"

PALAVRA OGHAM DE CON CULAINN: *bág maise*
"Orgulho da beleza"

Nion significa forquilha e se refere à forquilha que sustentava o tear das mulheres celtas. Fiar e tecer era uma função exclusivamente feminina, portanto, essa letra está intimamente relacionada à feminilidade e ao trabalho em grupo.

Na mitologia celta escocesa e britânica, fiar e tecer são representados nas lendas de Habitrot, uma fada que concede boa sorte aos que conseguem convencê-la a tecer um vestido ou fiar novelos de lã.

Nion está associado ao freixo, e de sua madeira eram feitas as lanças dos guerreiros, inclusive a famosa lança do Deus Lugh, que representava o destruir da paz, enquanto que o fuso da tecelã representava o estabelecer da paz, como descrito no *Livro de Ballymote.*

Tecer está estreitamente ligado ao mito das três fiandeiras do destino, descritas brevemente em um conto irlandês como terríveis mulheres-aranha.

Simbolismo numérico

O número 5 em *Nion* simboliza a totalidade da tribo, ou seja, o grupo, a comunidade, que tem o centro como fator de reunião, integração e paz. Para os celtas irlandeses, cinco são as províncias da Irlanda e *tri coicait*, ou seja, três cinquentenas, é sinônimo de infinito.

Três Mundos

- *Talam* (físico/material): comunidade, alianças, trabalho em equipe.
- *Muir* (emocional/sentimental): paz, alegria, orgulho.
- *Nem* (espiritual/mental): destino, adaptação.

Significados oraculares

Nion, o quinto *fid*, significa feminilidade, paz, tecer, uniões, destino, profecia, ligações, relacionamentos, família, parentes, vizinhos, harmonia, contratos, grupos, alianças, comunidade, trabalho em equipe e o coletivo. É considerado o *fid* feminino por excelência, pode representar uma mulher na vida do consultante, como sua mãe ou sua esposa, caso ele seja do sexo masculino, ou a própria consultante, caso ela seja do sexo feminino. Diferentemente do *fid Saille*, *Nion* representa uma mulher no auge de sua vida, casada ou solteira, dona de casa ou adolescente, uma mulher habilidosa e inteligente.

Em seu aspecto negativo, *Nion* significa desavenças, fofocas, contendas e o fim da paz causado por intrigas e desentendimentos. O desafio é estabelecer novamente a paz por meio de ações comunitárias e alianças.

Em uma visão mais esotérica, esse *fid* simboliza nossa alma ou os aspectos femininos que comandam nosso destino. É a fiandeira da caverna que determina o rumo de nossa existência, tecendo nosso futuro e criando a malha que representa nossas vidas, sempre interligadas como a trama de uma tapeçaria.

Uso mágico do fid

- Invocar a paz e a harmonia em um ambiente
- Promover a união entre pessoas
- Cura feminina

Uso mágico do freixo

- Prosperidade
- Boa sorte
- Sonhos proféticos

Pesquise

a) O significado simbólico do tear, do fuso e da lança
b) Lendas associadas às Deusas do destino (Banba, Flota e Ériu)
c) Costumes folclóricos relacionados ao freixo.

Aicme hÚath

DIREÇÃO: *Túathus* – Norte

PROVÍNCIA da Irlanda: *Ulster*

SIGNIFICADO: *cath* – batalha

REGE: força, obstáculos, justiça e desafios

O segundo *aicme* está ligado aos grandes desafios e provações, às batalhas internas e a busca por sabedoria. Representa o temido Submundo, morada das fadas e ancestrais.

Na tradição arbórea esse *aicme* é simbolizado pelo tronco, a parte mais vulnerável e mais resistente da árvore.

6

ᚆ

hÚath

hÚath

MEDO/OBSTÁCULOS

LETRA: H

PRONÚNCIA: úa

TRADUÇÃO: terror ou medo

ÁRVORE: pilriteiro (espinheiro-alvar)

COR: *úath* – terrível

PÁSSARO: *hadaig* – corvo negro

CLASSE: camponês

SIMBOLOGIA: lobo

LIVRO OGHAM DAS MADEIRAS: "Um encontro de cães de caça, pois são formidáveis seus espinhos"

PALAVRA OGHAM DE MORAINN MAC MOÍN: *condál cúan*
"Reunião das matilhas"

PALAVRA OGHAM DE MAIC IND ÓC: *bánad gnúise*
"Empalidecer das faces"

PALAVRA OGHAM DE CON CULAINN: *ansam aidche*
"Mais difícil à noite"

hÚath significa terror ou medo e está associado ao pilriteiro (também conhecido como espinheiro-alvar). As palavras Ogham citam "a matilha" ou "alcateia ", talvez uma referência à Caçada Selvagem.

Na mitologia galesa, Gwyn ap Nudd, o Deus das fadas (Tylwyth Teg) e Senhor do Submundo, cavalga pelos céus em noites de tempestade acompanhado dos cães do Submundo (Cŵn Annwn) caçando as almas errantes, certamente uma visão aterradora.

Assim como o espinheiro-alvar possui lindas flores e espinhos perigosos, os lobos e o povo das fadas, que estão associados a ele, são belos e encantadores, contudo, perigosos e mortais.

Essa letra simboliza os perigos, os inimigos e o medo noturno. Também está associada à figura mítica do temido gigante galês Yspaddaden Penkawr, que significa Espinheiro, rei dos gigantes.

Simbolismo numérico

O número 1 em *hÚath* simboliza o início da noite, o ponto mais sombrio da jornada. É o líder que comanda seu exército. Representa a semente plantada no solo escuro e a primeira contenda.

Três Mundos

- *Talam* (físico/material): desafio, obstáculo, dificuldade.
- *Muir* (emocional/sentimental): medo, sofrimento, desespero.
- *Nem* (espiritual/mental): confusão, irracionalidade, irritabilidade.

Significados oraculares

hÚath, o sexto *fid*, significa medo, bloqueio, desafio, contenda, ruína, empecilho, dificuldade, prejuízo, perseguição, destruição, pesadelo, castidade, caça, ataques e inimigos. Representa qualquer obstáculo ou impedimento na vida do consultante.

Em seu significado inverso, *hÚath* denota honra, trabalho em equipe e reconhecimento de hierarquia como em uma alcateia. Momento de superar seus medos e enfrentar os obstáculos e impedimentos com honra e respeito.

Em uma visão mais esotérica, representa o perigo e o fascínio do mundo das fadas. É a caçada selvagem das almas errantes, portanto, representa o aspecto mais selvagem e feroz de nosso ser. Também representa a chegada do inverno e suas dificuldades, assim como os perigos noturnos.

Uso mágico do fid

- Maldições e ataques mágicos
- Vitória sobre os inimigos
- Superar ou causar o medo

Uso mágico do espinheiro-alvar

- Purificação e castidade
- Felicidade matrimonial
- Escudo protetor

Pesquise

a) O significado simbólico do lobo e do cão de caça
b) Lendas associadas aos deuses do Submundo (Gwyn ap Nud, Arawn)
c) Costumes folclóricos relacionados ao espinheiro-alvar

7
Duir

Duir

Força/Justiça

Letra: D

Pronúncia: du-ir (o "i" é simplesmente uma inclinação, um som neutro)

Tradução: carvalho

Cor: *dubh* – preto

Pássaro: *droen* – carriça

Classe: chefe

Simbologia: carvalho

Livro Ogham das Madeiras: "Mais alto que os arbustos, é o carvalho"

Palavra Ogham de Morainn mac Moín: *ardam dosae*
"A mais exaltada das árvores"

Palavra Ogham de Maic ind Óc: *grés soír*
"Trabalho do artesão"

Palavra Ogham de Con Culainn: *slechtam soíre*
"Mais entalhada do artesanato"

Duir significa carvalho, uma das maiores árvores europeias. É o símbolo da arte, força, justiça, estabilidade e resistência, assim como um pai justo que estabelece segurança aos seus filhos. É também o símbolo da masculinidade.

Está associado à carriça, conhecida em irlandês como *drui-en*, ou seja, o pássaro druida, considerado na lenda celta o rei dos pássaros, assim como o carvalho é o rei das árvores.

Acredita-se que a palavra *druida* signifique Conhecimento do Carvalho (de *dru* carvalho e *wid* conhecimento) e a palavra gaélica para porta, talvez tenha a mesma origem que a palavra *Duir*, associando este *fid* às portas, passagens, proteção e segurança.

Na mitologia celta irlandesa o Deus Dagda, o bom Deus, possui uma harpa encantada, *Uaithne*, também conhecida como *Dur da Blá*, ou seja, carvalho de duas flores, responsável por fazer com que as estações chegassem no tempo correto. Dagda é considerado o pai dos Tuatha Dé Danann.

O carvalho também está associado ao Deus solar galês Lleu Llaw Gyffes que, ferido devido à traição de sua esposa, assume a forma de uma águia e se abriga em um grande carvalho. Nos mitos europeus o carvalho é sagrado ao Deus pai, Senhor dos céus e dos raios.

Simbolismo numérico

O número 2 em *Duir* simboliza o equilíbrio entre duas forças, portanto, representa a justiça que equaliza as energias e mantém o Universo em equilíbrio, sempre em seu lugar, sustentando os mundos.

Três Mundos

- *Talam* (físico/material): força, estabilidade, segurança.
- *Muir* (emocional/sentimental): rigidez, intolerância, autoritarismo.
- *Nem* (espiritual/mental): justiça, poder mental, objetividade.

Significados oraculares

Duir, o sétimo *fid*, significa força, resistência, segurança, estabilidade financeira, emocional ou espiritual, virilidade, masculinidade, casa, lar, liderança, arte/artesanato, realeza/sacerdócio, conforto, portas, passagens, justiça, honestidade, honra e verdade. Representa tudo aquilo que é seguro e proporciona força e estabilidade ao consultante. É considerado um *fid* masculino e pode representar um homem na vida da consultante, como seu pai ou esposo, caso ela seja do sexo feminino, ou o próprio consultante, caso ele seja do sexo masculino.

Em seu aspecto negativo, *Duir* significa impasse, dúvidas, injustiça e acomodação. Mantenha-se resistente diante dos problemas, sem oscilar.

Em uma visão mais esotérica, esse *fid* simboliza a porta para o reino divino. É a passagem que devemos atravessar para descobrir a verdade oculta que há em nosso interior, nossa verdadeira casa.

Uso mágico do fid

- Questões legais ou que exijam justiça
- Pedidos de força, estabilidade e resistência
- Segurança emocional e financeira

Uso mágico do carvalho

- Boa saúde
- Fertilidade masculina
- Vigor e vitalidade

Pesquise

a) O significado simbólico do raio, da porta e do verão
b) Lendas associadas ao Deus Dagda e Lleu Llaw Gyffes
c) Costumes folclóricos relacionados ao carvalho

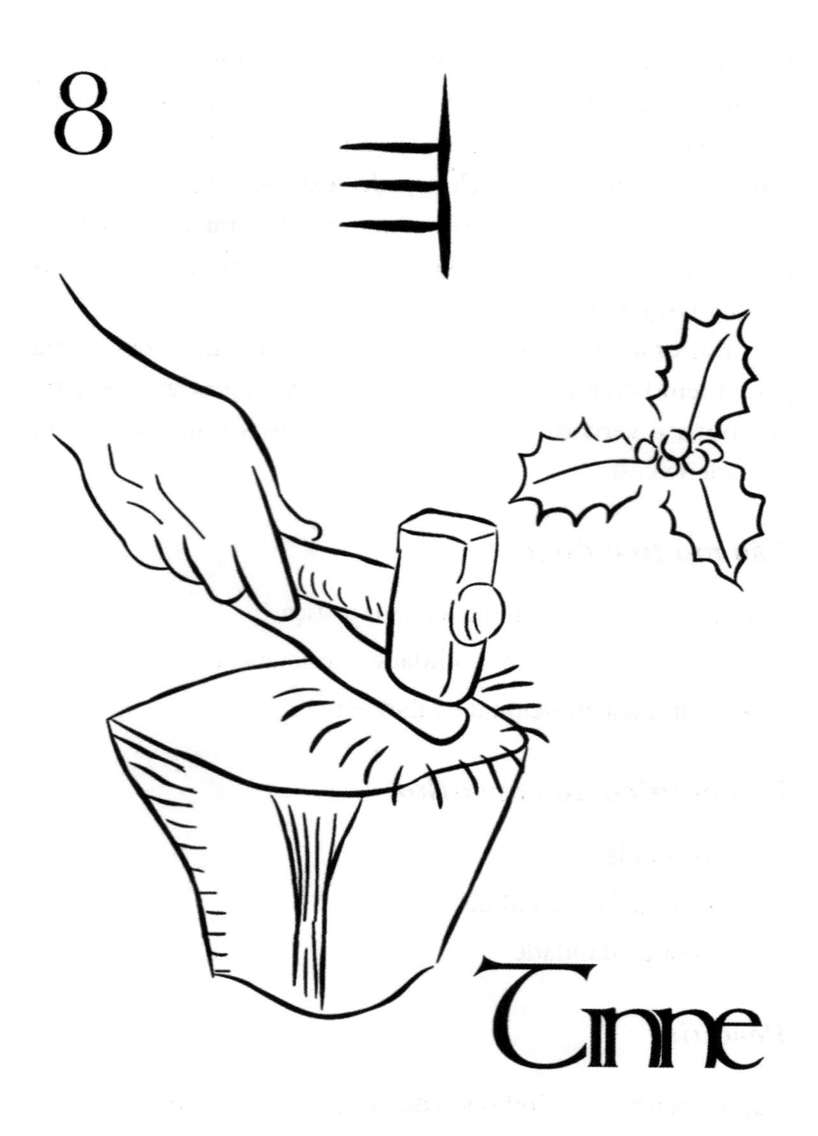
8
Tinne

Tinne

Habilidade/Inteligência

Letra: T

Pronúncia: tchini-â (o "â" no final é um som neutro, bem fraco e irreconhecível)

Tradução: lingote

Árvore: azevinho

Cor: *temen* – cinza escuro

Pássaro: *truiteoc* – estorninho

Classe: camponês

Simbologia: ferreiro

Livro Ogham das Madeiras: "Um terço de uma roda é o azevinho, pois o azevinho é uma das três madeiras da roda de carruagem"

Palavra Ogham de Morainn mac Moín: *trian roith*
"Uma das três partes de uma roda"

Palavra Ogham de Maic ind Óc: *smiur gúaile*
"Medula da lenha (ferro derretido)"

Palavra Ogham de Con Culainn: *trian n-airm*
"Uma das três partes de uma arma"

Tinne significa lingote ou barra de ferro, uma referência ao trabalho do ferreiro, uma das mais nobres funções celtas.

Goibniu é o Deus ferreiro responsável por criar as armas dos Tuatha Dé Danann ao lado de seus irmãos, os deuses Credne, o bronzista e Luchta, o carpinteiro. Juntos, esses deuses são conhecidos como *Trí Dée Dána*, ou seja, "os três deuses de arte". Acredita-se também que o lingote de ferro fundido era utilizado pelos antigos irlandeses como dinheiro.

Tinne indica as habilidades, os dons e o trabalho reconhecido, assim como a coragem, as armas e a bravura dos guerreiros.

Essa letra está associada ao azevinho, conhecido como o rei do inverno.

Simbolismo numérico

O número 3 em *Tinne* simboliza a terça parte de uma arma e a terça parte de uma roda, símbolos de trabalho e maestria, e também os três deuses da arte. É representado pela habilidade, criatividade e força dos ferreiros e artesãos.

Três Mundos

- *Talam* (físico/material): trabalho prazeroso, habilidade, realização.
- *Muir* (emocional/sentimental): atração, equilíbrio, coragem.
- *Nem* (espiritual/mental): engenhosidade, inteligência, criatividade.

Significados oraculares

Tinne, o oitavo *fid*, significa habilidade, maestria, atividade, artesanato, transformação, ganhos, dinheiro, ação, confecção, coragem, inteligência, trabalho, talento, tecnologia, guerreiros, armas, reconhecimento, inventibilidade, criatividade, forjar, moldar, temperar, equilíbrio, ofício, domínio e execução. Representa a habilidade, dons e inteligência do consultante. Também é considerado um *fid* com aspectos masculinos, assim como *Duir*.

Em seu aspecto negativo, significa inaptidão, desleixo, preguiça, brutalidade e grosseria. Como é o *fid* do ferreiro, o desafio é saber moldar, trabalhar e transformar a situação, com paciência, persistência e destreza.

Em uma visão mais esotérica, *Tinne* representa o *Aes Dána*, o povo da arte. É preciso temperar e trabalhar nosso talento inato, muitas vezes negligenciado, para despertar o aspecto divino em nosso ser.

Uso mágico do fid

- Trabalhos que exijam destreza
- Reconhecimento intelectual e profissional
- Despertar os dons inatos

Uso mágico do azevinho

- Proteção contra catástrofes naturais
- Proteção contra espíritos e feitiços
- Afastar e acalmar animais selvagens

Pesquise

a) O significado simbólico do ferreiro e do inverno

b) Lendas associadas aos deuses Goibniu e Gofannon

c) Costumes folclóricos relacionados ao azevinho

9

Coll

Coll

SABEDORIA/CONHECIMENTO

LETRA: C

PRONÚNCIA: col

TRADUÇÃO: aveleira

COR: *cron* – castanho

PÁSSARO: não listado

CLASSE: chefe

SIMBOLOGIA: salmão

LIVRO OGHAM DAS MADEIRAS: "Madeira justa, pois todos comem de suas nozes"

PALAVRA OGHAM DE MORAINN MAC MOÍN: *cáiniu fedaib*
"Mais bela das árvores"

PALAVRA OGHAM DE MAIC IND ÓC: *carae blóesc*
"Amiga da casca de noz"

PALAVRA OGHAM DE CON CULAINN: *milsem fedo*
"Mais doce das árvores"

Coll significa aveleira, conhecida na mitologia celta irlandesa como a Árvore da Sabedoria, pois o Poço de Segais, o poço da sabedoria e conhecimento, era rodeado por nove aveleiras mágicas que forneciam avelãs ao salmão sagrado. O salmão é também conhecido na mitologia como um dos mais antigos animais, tanto na Irlanda, como no País de Gales, símbolo da sabedoria antiga e inspiração.

A aveleira também é considerada a Árvore do Mundo, eixo que sustenta o Universo.

Simboliza a beleza, a graça, o conhecimento, a espiritualidade e a sabedoria ancestral.

Simbolismo numérico

O número 4 em *Coll* simboliza a cruz celta de quatro braços iguais, símbolo da perfeição e da criação. Também representa a Cruz de Santa Brígida ou Roda Solar, símbolo do Sol que ilumina e dissipa a ignorância com beleza, sabedoria e conhecimento.

Três Mundos

- *Talam* (físico/material): reconhecimento, beleza, promoção.
- *Muir* (emocional/sentimental): paz, afeto, amizade.
- *Nem* (espiritual/mental): sabedoria, inspiração, conhecimento.

Significados oraculares

Coll, o nono *fid*, significa sabedoria, conhecimento, inspiração, espiritualidade, cultura, o sagrado, orientação, prazer, mérito, beleza, conquista, estudo, poesia, arte, ciência, paz e profecia. Representa toda ciência, conhecimento e espiritualidade na vida do consultante.

Em seu aspecto negativo, *Coll* significa ceticismo, falta de orientação e ignorância. O momento pede que o consultante saiba utilizar o discernimento e a sabedoria para superar as adversidades e aprenda a ver o lado belo das coisas.

Em uma visão mais esotérica, *Coll* representa o Poço de Segais, a fonte da sabedoria, almejado por diversos heróis. Para chegar ao poço da sabedoria e beber de suas águas é preciso ter cautela, pois qualquer desvio de conduta e ignorância resultará em catástrofe.

Uso mágico do fid

- Encantamentos poéticos que invoquem a beleza
- Solicitar sabedoria e discernimento para resolução de problemas
- Ajuda nos estudos

Uso mágico da aveleira

- Varinhas mágicas
- Proteção contra raios e fogo
- Cura e inspiração

Pesquise

a) O significado simbólico do salmão
b) Lendas associadas ao herói Fionn Mac Cumhaill (ou Finn Mac Cool)
c) Costumes folclóricos relacionados à aveleira

10

Quert

Quert

Incompreensão/Perdas

Letra: Q

Pronúncia: kuért

Tradução: farrapo ou arbusto

Árvore: macieira

Cor: *quiar* – cor de rato

Pássaro: *querc* – frango

Classe: arbusto

Simbologia: trapo no galho de macieira

Livro Ogham das Madeiras: "Abrigo de uma corça selvagem é a macieira"

Palavra Ogham de Morainn mac Moín: *clithar baiscill*
"Abrigo de um lunático"

Palavra Ogham de Maic ind Óc: *bríg anduini*
"Substância de uma pessoa insignificante"

Palavra Ogham de Con Culainn: *dígu fethail*
"Trapos de roupa"

Quert significa farrapos ou arbusto e está associado à macieira, a árvore da imortalidade e abundância. Apesar de sua associação com a macieira, *Quert* é descrito nas palavras Ogham como abrigo de um lunático, ou seja, o exílio, pois o louco ou lunático não é aceito pela comunidade e se retira do convívio social. Na mitologia irlandesa, Suibne Geilt, ou Sweeney, o louco, foi um rei amaldiçoado que voava como um pássaro, pousando de árvore em árvore. Seu correspondente galês é o profeta louco Myrddin Wyllt, identificado com Lailoken e Merlin, o mago.

Essa letra simboliza a pobreza, as perdas e a loucura, pois as palavras Ogham mencionam "trapos de roupas" e "pessoa insignificante", mas *Quert* também indica esperança de tempos melhores, reflexão e cura, uma associação à simbologia dos trapos dos poços *clootie*.

Os poços *clootie* são lugares de peregrinação em terras celtas, onde há, normalmente, árvores sagradas ao redor. O peregrino em busca de cura, mergulha um trapo nas águas do poço e o amarra no galho de uma árvore sagrada, em um ritual que visa à cura de sua enfermidade.

Simbolismo numérico

O número 5 em *Quert* simboliza a separação da totalidade, da tribo ou da comunidade. Significa o voltar-se para o centro, o ermo, o desterro, o banimento e o retiro do convívio comunitário. É o individual se destacando do coletivo, o homem como microcosmo.

Três Mundos

- *Talam* (físico/material): perdas, dificuldade, exílio.
- *Muir* (emocional/sentimental): abandono, desilusão, sentimentos confusos.
- *Nem* (espiritual/mental): incompreensão, reflexão, loucura.

Significados oraculares

Quert, o décimo *fid*, significa loucura, perdas, pobreza, incompreensão, desgastes, miséria, dificuldades, imprevisibilidade, autossabotagem, refúgio, abrigo, exílio, riscos, retiro, confusão, reflexão, mal-estar, esperança e processo de cura. Representa todas as perdas e desgastes, sejam físicos, emocionais ou mentais, na vida do consultante.

Em seu aspecto inverso, esse *fid* significa um refúgio, momento ideal para se retirar do meio social, refletir e buscar a cura das feridas de sua alma. Saiba o momento certo de se retirar de cena e evitar mal-entendidos.

Em uma visão mais esotérica, esse *fid* representa a loucura sagrada, ou seja, libertar-se dos dogmas, leis e preceitos humanos e a compreensão das leis divinas e espirituais. A pessoa comum é incapaz de compreender um inspirado pelos deuses, tachando-o de louco.

Uso mágico do fid

- Superar as perdas e a rejeição
- Cura ou melhora de enfermidade crônica
- Reflexão e aceitação

Uso mágico da macieira

- Feitiços e encantamentos de amor
- Garante vida longa e juventude
- Beleza e sensualidade

Pesquise

a) O significado simbólico do farrapo e da corça
b) Lendas associadas ao mago Merlin, à Deusa Cerridwen e à Ilha de Avalon (Ilha das Maçãs)
c) Costumes folclóricos relacionados à macieira

Aicme Muin

DIREÇÃO: *Arthius* – Leste

PROVÍNCIA DA IRLANDA: Leinster

SIGNIFICADO: *bláth* – flor (prosperidade)

REGE: trabalho, ganhos, prosperidade e colheitas.

O terceiro *aicme* está ligado ao trabalho, à prosperidade e aos ofícios. Representa os espíritos da natureza e a dádiva da colheita, assim como a vida selvagem.

Na tradição arbórea esse *aicme* simboliza os galhos e folhas, o meio pelo qual a árvore se comunica com o exterior.

Muin

Muin

TRABALHO/SACRIFÍCIO

LETRA: M

PRONÚNCIA: mu-in (o "i" é simplesmente uma inclinação, um som neutro)

TRADUÇÃO: pescoço ou amor

ÁRVORE: videira ou trepadeira

COR: *mbracht* – multicor

PÁSSARO: *mintan* – chapim

CLASSE: chefe

SIMBOLOGIA: caldeirão sacrificial

LIVRO OGHAM DAS MADEIRAS: "Mais alta em beleza é a videira, pois ela cresce nas alturas"

PALAVRA OGHAM DE MORAINN MAC MOÍN: *tressam fedmae* "O mais forte no esforço"

PALAVRA OGHAM DE MAIC IND ÓC: *árusc n-airlig* "Condição do massacre"

PALAVRA OGHAM DE CON CULAINN: *conar gotha* "Caminho da voz"

Muin significa amor ou pescoço e está associado à videira. A videira não é uma árvore nativa da Irlanda ou Grã-Bretanha, mas sabemos que os antigos celtas eram grandes apreciadores do vinho importado de Roma e Grécia. Evidencias arqueológicas apontam que os gauleses sacrificavam, simbolicamente, ânforas cheias de vinho como se fossem corpos humanos.

Originalmente, o nome dessa letra significa pescoço ou a parte posterior das costas, uma referência ao jugo que o boi deve suportar e também o caminho pela qual a voz percorre.

Essa letra está relacionada ao mito do Santo Graal, o cálice que recebeu o sangue de Cristo sacrificado, recolhido por José de Arimateia, que o levou para a Grã-Bretanha e, segundo os mitos, encontra-se hoje em Glastonbury. Esse mito surge da crença celta no Caldeirão Sacrificial, por vezes descrito nos mitos como o Caldeirão de Renascimento (do Deus galês Bran ou Arawn) ou o Caldeirão da Abundância (do Deus irlandês Dagda).

Simbolismo numérico

O número 1 em *Muin* simboliza o som primordial que provém da garganta universal. Representa o primeiro trabalho ou o primeiro sacrifício que resultará na criação do Universo. É o início da ação, que tem como objetivo a ordem.

Três Mundos

- *Talam* (físico/material): esforço, sacrifício, trabalho, responsabilidade.
- *Muir* (emocional/sentimental): amor incondicional, lealdade, renúncia.
- *Nem* (espiritual/mental): boa comunicação verbal, devoção, filantropia.

Significados oraculares

Muin, o décimo primeiro *fid*, significa sacrifício, trabalho, esforço, responsabilidade, peso, renúncia, comunicação, expressão, amor incondicional, labuta, embriaguez, vícios, doação, dedicação, obrigação e lida. Representa as responsabilidades e renúncias do consultante, assim como a forma como se comunica. Ao contrário do *fid Tinne* que significa trabalho prazeroso e reconhecido, *Muin* indica trabalho que requer dedicação, obrigação e esforço.

Em seu aspecto inverso, significa egoísmo, falsidade e ilusões. O desafio é trabalhar com devoção e gratidão, ou seja, transformar seus afazeres diários em algo sagrado, do latim *sacrificium* (tornar/fazer sagrado).

Em uma visão mais esotérica, *Muin* representa o Santo Graal, o cálice que recebeu o sangue de Cristo sacrificado ou o Caldeirão Sacrificial cheio de vinho, símbolo do sangue sagrado da terra que se renova a cada estação, garantindo nossa existência.

Uso mágico do fid

- Suportar um grande fardo ou grandes responsabilidades
- Adquirir recompensas pelo trabalho realizado
- Boa comunicação verbal e amor incondicional

Uso mágico da videira

- Crescimento e desenvolvimento
- Riqueza e prosperidade
- Poderes proféticos

Pesquise

a) O significado simbólico do Caldeirão Sacrificial
b) Lendas associadas ao Santo Graal
c) Costumes folclóricos relacionados à videira

12

Gort

Gort

CRESCIMENTO/ABUNDÂNCIA

LETRA: G

PRONÚNCIA: górt

TRADUÇÃO: jardim ou campo

PLANTA: hera

COR: *gorm* – azul

PÁSSARO: *geis* – cisne

CLASSE: chefe

SIMBOLOGIA: vaca

LIVRO OGHAM DAS MADEIRAS: "Mais verde que as pastagens é a hera"

PALAVRA OGHAM DE MORAINN MAC MOÍN: *milsiu féraib*
"Mais doce que a grama"

PALAVRA OGHAM DE MAIC IND ÓC: *ined erc*
"Local adequado para as vacas"

PALAVRA OGHAM DE CON CULAINN: *sásad ile*
"Satisfação das multidões"

Gort significa jardim ou campo e se refere às pastagens ou plantações. Como citado nas palavras Ogham, essa letra se relaciona com a vaca, símbolo de abundância e fertilidade.

Para os antigos celtas, o jardim era o campo onde era plantado o trigo, outro símbolo de abundância e crescimento ao lado da cornucópia, o chifre da vaca, sempre repleto de alimentos.

Esta letra está ligada à lenda de Maol, a vaca branca mágica da rainha Flidias, capaz de alimentar 300 homens e suas famílias em apenas uma ordenha. Glas Gaibhnenn é outra vaca mágica, capaz de produzir imensas quantidades de leite e, acredita-se, pertencia ao Deus ferreiro Goibniu.

Gort está associado à hera, uma planta que cresce em abundância e se alastra facilmente em ruínas e lugares abandonados, símbolo do crescimento e protetora dos rebanhos.

Simbolismo numérico

O número 2 em *Gort* simboliza a união de duas forças que resultam em crescimento e fertilidade. As energias masculinas e femininas se unem para gerar uma terceira energia que ainda não está formada, mas está crescendo e se desenvolvendo.

Três Mundos

- *Talam* (físico/material): crescimento, abundância, colheita.
- *Muir* (emocional/sentimental): felicidade, otimismo, paciência.
- *Nem* (espiritual/mental): bons pensamentos, idealismo.

Significados oraculares

Gort, o décimo segundo *fid*, significa crescimento, abundância, generosidade, persistência, colheita, semear, cultivar, plantar, tempo de maturação, florescimento, hospitalidade, pastagem, frutificação, fertilidade, desenvolvimento, evolução, paciência, mérito, criação e fartura. *Gort* representa tudo o que está crescendo na vida do consultante. Também demonstra que o consultante irá "colher o que plantou".

Em seu aspecto negativo, esse *fid* significa enfraquecimento, decadência e privação. Cultive bons pensamentos e boas ações e "não deixe que a erva daninha se propague" (corte o mal pela raiz).

Em uma visão mais esotérica, *Gort* representa o Caldeirão da Abundância e a vaca mágica da Deusa Flidias, que podia alimentar mais de 300 pessoas em apenas uma ordenha. Também representa o Festival de Beltane e a energia fértil em ascensão.

Uso mágico do fid

- Encantamentos de fertilidade
- Crescimento em qualquer setor da vida
- Abundância financeira e amorosa

Uso mágico da hera

- Encantamentos para o progresso
- Feitiços para o autoconhecimento
- Protege o gado e os animais domésticos

Pesquise

a) O significado simbólico da vaca e da cornucópia
b) Lendas associadas ao Caldeirão da Abundância
c) Costumes folclóricos relacionados à hera

nGétal

nGétal

Regeneração/Cura

Letra: Ng

Pronúncia: nié-tal

Tradução: ferida ou perfurar

Planta: giesta ou samambaia

Cor: *nglas* – verde

Pássaro: *nGeigh* – ganso

Classe: arbusto

Simbologia: Poço de Sláine

Livro Ogham das Madeiras: "Força dos médicos é a giesta ou samambaia"

Palavra Ogham de Morainn mac Moín: *lúth lego*
"Sustento de um médico"

Palavra Ogham de Maic ind Óc: *étiud midach*
"Vestes dos médicos"

Palavra Ogham de Con Culainn: *tosach n-échto*
"Início da mortandade"

nGétal significa ferir ou perfurar, talvez uma referência ao procedimento médico da sangria como tratamento de doenças. Está associado, originalmente, à giesta ou à samambaia, contudo, muitos a associam, erroneamente, ao junco, pois a giesta é um arbusto muito parecido com o tojo, que está associado à letra *Onn*. Robert Graves, para evitar essa confusão, associou *nGétal* ao junco.

Como visto, nas palavras Ogham, essa letra está ligada aos médicos e à cura.

Na mitologia celta irlandesa, o Deus da medicina é Dian Cecht, que teve dois filhos, Miach e Airmid. Quando Miach se mostrou superior ao pai nas artes da cura, Dian Cecht o matou, decapitando-o por inveja. Do corpo de Miach nasceram 365 ervas, que foram colhidas por sua irmã, a Deusa Airmid, Deusa das ervas e da cura.

O Poço Sláine era abençoado pelos deuses anteriormente citados, onde os Tuatha Dé Danann se banhavam para curar suas feridas.

Simbolismo numérico

O número 3 em *nGétal* simboliza os três principais deuses irlandeses da medicina (Dian Cecht, Miach e Airmid). Representa também o poço da cura, as ervas medicinais e o fogo da purificação, que eliminam as pragas e as doenças.

Três Mundos

- *Talam* (físico/material): regeneração, adaptação, cura.
- *Muir* (emocional/sentimental): dor, coração partido, decepção.
- *Nem* (espiritual/mental): reflexão, autoanalise.

Significados oraculares

nGétal, o décimo terceiro *fid*, significa cura, saúde, medicina, regeneração, sanação, médicos, curandeiros, reestabelecimento, ferimento, abrir, perfurar, expurgar, limpar, remediar, recuperação, terapia, tratamento, ervas de cura, vitalidade, força de vontade, ânimo, elementos, encantamentos, doutores e bem-estar. É considerado o *fid* da saúde e indica tudo aquilo que precisa ser sanado na vida do consultante.

Em seu aspecto negativo, *nGétal* indica pequenos acidentes, ferimentos, desânimo, ponto fraco, abuso de drogas e saúde debilitada. Momento de buscar as causas mais profundas do problema e extirpá-lo complemente, mesmo que seja dolorido mexer em antigas feridas que ainda não cicatrizaram.

Em uma visão mais esotérica, esse *fid* representa o Poço de Sláine, ou seja, o poço da cura, criado pelos deuses Dian Cecht, Ochtriullach, Miach e Airmid. Esse *fid* também representa o microcosmo, isto é, o corpo humano em equilíbrio. Recolha as ervas de cura em seu interior, pois seu corpo é composto pelos nove elementos que refletem os cosmos.

Uso mágico do fid

- Cura física, emocional e espiritual
- Atrair boa saúde e tranquilidade mental
- Bom andamento em cirurgias e operações

Uso mágico da giseta

- Limpeza de ambientes
- Controle do clima
- Feitiços de transformação e mudança

Pesquise

a) O significado simbólico da cor verde e do ganso
b) Lendas associadas aos deuses Dian Cecht, Miach e Airmid
c) Costumes folclóricos relacionados à giesta ou samambaia

14

Straif

Straif

MAGIA/SEGREDOS

LETRA: St, Ss ou Z

PRONÚNCIA: stra-if (o "i" é simplesmente uma inclinação, um som neutro)

TRADUÇÃO: enxofre

ÁRVORE: espinheiro-negro

COR: *sorcha* - brilhante

PÁSSARO: *stmolach* - tordo

CLASSE: chefe

SIMBOLOGIA: círculo de pedras e nuvens

LIVRO OGHAM DAS MADEIRAS: "Sebe de um córrego é o espinheiro-negro"

PALAVRA OGHAM DE MORAINN MAC MOÍN: *tressam rúamnai*
"Vermelho mais forte"

PALAVRA OGHAM DE MAIC IND ÓC: *mórad rún*
"Aumento dos segredos"

PALAVRA OGHAM DE CON CULAINN: *saigid nél*
"Buscar das nuvens"

Straif significa enxofre. Segundo Erynn Rowan Laurie, essa letra se relaciona à alquimia, pois o enxofre é um dos elementos mais utilizados em procedimentos alquímicos. As palavras Ogham remetem aos segredos, mistérios, magia e ao Néldoracht (adivinhação pelas nuvens).

"Vermelho mais forte" pode ser uma referência ao poder destrutivo do fogo (o enxofre ardente), assim como as propriedades corantes do enxofre.

O espinheiro-negro é uma árvore tradicionalmente ligada à magia, ao infortúnio e ao País das Fadas. No folclore irlandês, os Lunantishee são as fadas responsáveis por guardar os espinheiros-negros.

Como uma letra ligada à magia, *Straif* nos lembra a lenda de Mug Ruith, um poderoso druida irlandês que tinha a capacidade de causar tempestades, mudar de tamanho, transformar pessoas em pedra, dentre tantas outras coisas. Foi o inventor de uma máquina voadora, a *roth rámach*. Nas lendas, já cristianizadas, é descrito como aluno de Simão, o mago.

Simbolismo numérico

O número 4 em *Straif* simboliza os segredos que se mantêm entre quatro paredes, aquilo que não pode ser visto ou revelado, a intimidade e o oculto. Representa também os tesouros e mistérios das quatro cidades místicas dos Tuatha Dé Danann.

Três Mundos

- *Talam* (físico/material): inimigos ocultos, perigo, traição.
- *Muir* (emocional/sentimental): segredo, falsidade, confusão.
- *Nem* (espiritual/mental): magia, ilusão, devaneio.

Significados oraculares

Straif, o décimo quarto *fid*, significa mistério, segredo, magia, ocultismo, coisas ocultas, astrologia, presságio, oráculos, adivinhação, divinação, transmutação, alquimia, perigo, inimigos, ilusão, miragem, alucinação, sonho, traição, embuste, falsidade, dúvida, engano, mentira e trapaça. Representa tudo aquilo que não é do conhecimento do consultante, ou seja, algo que está oculto ou encoberto.

Em seu aspecto inverso, significa perigo desconhecido, revelação de um segredo e mistérios revelados. Preserve em segredo seus projetos, pois os inimigos estão à espreita. Não deposite sua confiança em pessoas de má índole e mantenha distância de lugares desconhecidos.

Em uma visão mais esotérica, *Straif* simboliza o misterioso Submundo e todos os perigos que uma pessoa despreparada pode enfrentar ao atravessar o véu entre os mundos. Representa também a capacidade de previsão e a interpretação de sinais.

Uso mágico do fid

- Revelar segredos e inimigos ocultos
- Previsão de acontecimentos
- Derrotar o mal

Uso mágico do espinheiro-negro

- Exorcismos
- Proteção contra qualquer influência negativa
- Lançar maldições

Pesquise

a) O significado simbólico do círculo de pedras e das nuvens
b) Lendas associadas ao druida Mug Ruith e à fada Morgana
c) Costumes folclóricos relacionados ao espinheiro-negro

15
Ruis

Ruis

Raiva/Vergonha

Letra: R

Pronúncia: rush

Tradução: vermelhidão ou rubor

Árvore: sabugueiro

Cor: *ruadh* – castanho avermelhado

Pássaro: *rocnat* – pequena gralha

Classe: arbusto

Simbologia: javali

Livro Ogham das Madeiras: "A vermelhidão da vergonha é o sabugueiro"

Palavra Ogham de Morainn mac Moín: *tressam rúamnai*
"Mais intenso rubor"

Palavra Ogham de Maic ind Óc: *rúamnae drech*
"Corar das faces"

Palavra Ogham de Con Culainn: *bruth fergae*
"Brilho da raiva"

Ruis significa enrubescer ou vermelhidão, a cor da vergonha, da raiva e do sangue. O vermelho é uma cor tradicionalmente ligada à guerra, sexo, instintos selvagens e aos impulsos. As palavras Ogham se referem à raiva e à vergonha que causam rubor nas faces.

Está associado ao sabugueiro, uma árvore que foi muitas vezes utilizada como um poderoso talismã contra bruxarias e feitiços. Também é descrita como uma das sete ervas das fadas e é considerada a Árvore das Bruxas.

Como se relaciona a tudo que é selvagem e age impulsivamente, *Ruis* está ligado ao javali, animal temido pelos celtas por sua selvageria. Durante a festa anual da tribo, o campeão recebia o maior e mais nobre pedaço do javali assado, conhecido como a "porção do campeão", motivo de disputas entre os guerreiros. Há diversos javalis mágicos na mitologia celta irlandesa e galesa, normalmente representam a fúria selvagem e a coragem do guerreiro.

Simbolismo numérico

O número 5 em *Ruis* simboliza a crise e o desentendimento, pois representa uma energia se destacando dentre as demais, causando, desta forma, tensão, lutas e disputas que visam à obtenção do poder e o rompimento com a integração e a totalidade.

Três Mundos

- *Talam* (físico/material): domínio, impulso, coragem.
- *Muir* (emocional/sentimental): vergonha, paixão, raiva.
- *Nem* (espiritual/mental): instinto selvagem, irracionalidade, imaturidade.

Significados oraculares

Ruis, o décimo quinto *fid*, significa vergonha, raiva, impulso, paixão, intensidade, sangue, ciúmes, estresse, sexo, sensualidade, violência, possessão, estímulo, lutas, maldições, furor, exaltação, heroísmo, desejo, disputas, perda de controle, energia, poder, êxtase, erotismo, abuso e guerra. É o *fid* da agressividade e representa o agir pelos instintos mais primitivos.

Em seu aspecto inverso, significa esmorecimento e fraqueza. O desafio é manter a serenidade em momentos de fúria e raiva, mas sem perder o ânimo de lutar pelos seus objetivos.

Em uma visão mais esotérica, *Ruis* representa o poder das Bruxas e fadas e a capacidade mágica de lançar maldições. Simboliza o reino das fadas, em seu aspecto mais sombrio e está ligado a exorcismos e ao poder perigoso e selvagem do javali sagrado.

Uso mágico do fid

- Energia física e disputas
- Superar a vergonha e controlar os instintos
- Atração sexual

Uso mágico do sabugueiro

- Excelente contrafeitiço
- Afasta espíritos malignos
- Bênçãos

Pesquise

a) O significado simbólico da cor vermelha e do javali
b) Lendas associadas ao furioso herói Cú Chulainn
c) Costumes folclóricos relacionados ao sabugueiro

Aicme Ailm

DIREÇÃO: *Teissius* - Sul

PROVÍNCIA DA IRLANDA: *Munster*

SIGNIFICADO: *séis* - melodia (música)

REGE: vida, desenvolvimento, família, destino e futuro.

O quarto *aicme* representa o reino dos mortais e o som primordial. Simboliza o desenvolvimento humano, começa por *Ailm*, nascimento/infância; passa por *Onn*, crescimento/descobertas; *Úr*, o primeiro contato com a morte; *Edad*, união/casamento e, finalmente *Idad*, a velhice.

Na tradição arbórea esse *aicme* simboliza os frutos, ou seja, a síntese e resultado dos outros *aicmí*, pois os frutos carregam sementes que são árvores em potencial.

16
Alm

Ailm

Início/Gestação

Letra: A

Pronúncia: a-lim (o "i" bem curto e neutro)

Tradução: desconhecido, talvez grito ou gemido

Árvore: abeto prateado ou pinheiro

Cor: *alad* – malhado

Pássaro: *aidhircleog* – quero-quero

Classe: arbusto

Simbologia: feto

Livro Ogham das Madeiras: "Uma árvore de pinheiro"

Palavra Ogham de Morainn mac Moín: *ardam íachta*
"Mais altos dos gemidos"

Palavra Ogham de Maic ind Óc: *tosach frecrai*
"Início de uma resposta"

Palavra Ogham de Con Culainn: *tosach garmae*
"Início de um chamado"

Ailm significa, talvez, grito ou gemido e representa o primeiro som que um bebê emite ao nascer, ou seja, *Ah*. Assim como a primeira letra do alfabeto latino "A", *Ailm*, significa inícios e começos. É o símbolo da gestação, maternidade e infância.

Na mitologia galesa o Deus associado a *Ailm* é Mabon ap Modron, ou O Grande Filho, filho da Grande Mãe, um Deus relacionado ao Deus gaulês Maponus, conhecido como a Criança Divina. A lenda galesa diz que Mabon foi raptado de sua mãe no terceiro dia de vida e exilado até a vida adulta. O rei Artur o resgata com o auxílio de animais ancestrais e ambos caçam o javali Twrch Trwyth. Na mitologia irlandesa o Deus da juventude é Angus mac Og.

A árvore associada a esta letra é o abeto prateado ou pinheiro escocês, árvore que demarcava a sepultura dos guerreiros.

Simbolismo numérico

O número 1 em *Ailm* simboliza o início e o nascimento. É a fonte e origem de toda vida. Representa a concepção, a unidade e o novo, pois é o começo de tudo e o símbolo da juventude.

Três Mundos

- *Talam* (físico/material): nascimento, começo, início de uma nova fase.
- *Muir* (emocional/sentimental): carinho, afeto maternal, alegria, novos amores.
- *Nem* (espiritual/mental): concepção de novas ideias, inovação.

Significados oraculares

Ailm, o décimo sexto *fid*, significa gestação, nascimento, início, criação, gravidez, concepção, novidade, descoberta, origem, causa, semente, filhos, princípio, ápice, ciclos, vida que provém da morte, infância, crianças, iniciação e ritos de passagem. Representa as novidades e o início de uma nova fase na vida do consultante.

Em seu aspecto inverso, *Ailm* significa fim de um ciclo, a morte como transição para uma nova etapa e a consumação. Compreenda o transcurso natural dos acontecimentos e semeie novos projetos para que germinem e deem início a uma nova fase em sua vida.

Em uma visão mais esotérica, *Ailm* representa a criança da promessa, o filho divino que nasce da grande Deusa mãe. A Criança Divina habita nosso interior, muitas vezes negligenciada, ela é guardada pela Deusa mãe que acalenta e sustenta nosso ser.

Uso mágico do fid

- Pedidos para engravidar ou que tudo ocorra bem durante a gravidez
- Colocar um projeto em ação ou conceber novas ideias
- Proteção para crianças

Uso mágico do pinheiro

- Prosperidade financeira
- Fertilidade e vitalidade
- Acalma e concede discernimento

Pesquise

a) O significado simbólico da maternidade e da criança
b) Lendas associadas às deusas mães e seus filhos sagrados (Modron e Mabon, Boann e Angus)
c) Costumes folclóricos relacionados ao pinheiro ou abeto

17
Onn

Onn

MUDANÇAS/MOVIMENTO

LETRA: O

PRONÚNCIA: on

TRADUÇÃO: fundação ou freixo

PLANTA: tojo

COR: *odhar* – marrom acinzentado

PÁSSARO: *odoroscrach* – scrat (talvez corvo-marinho-de-crista)

CLASSE: chefe

SIMBOLOGIA: cavalo

PALAVRA OGHAM DE MORAINN MAC MOÍN: *úaraib adbaib*
"Auxiliar dos cavalos"

PALAVRA OGHAM DE MAIC IND ÓC: *féthem soíre*
"Mais suave dos artesanatos"

PALAVRA OGHAM DE CON CULAINN: *lúth fían*
"Equipamentos de bandos guerreiros"

Onn significa freixo, fundação ou roda e está relacionado, segundo o Tratado de Ogham, aos cavalos e carruagens. O arbusto associado a *Onn* é o tojo, que era queimado pelos antigos celtas nas fogueiras de Beltane. Devido a suas flores amarelas, o tojo está relacionado ao ouro e ao Sol.

A palavra Ogham se refere às rodas que auxiliam os cavalos a puxarem as carruagens e os carros de guerra.

Seu símbolo é o cavalo e na mitologia irlandesa, Macha é a Deusa dos cavalos e da soberania. A lenda diz que Macha se casou com o fazendeiro Cruinniuc, trazendo-lhe riquezas, mas devido a uma aposta que seu marido fez com o rei de Ulster, Macha, grávida, teve que correr com os cavalos do rei. Após a corrida, Macha dá à luz gêmeos e amaldiçoa os homens do Ulster pelo ultraje e crueldade.

Rhiannon é a Deusa galesa dos cavalos e do Outro Mundo e está relacionada, talvez, à Deusa gaulesa Epona. A lenda conta que Rhiannon apareceu para Pwyll, seu futuro esposo, cavalgando um cavalo branco e que por mais que ele galopasse atrás dela, não a alcançava, até que ele pede para que ela pare.

Como está relacionado aos cavalos e carros, *Onn* significa viagens, jornadas, escolhas, caminhos, guerreiros e vitória.

Simbolismo numérico

O número 2 em *Onn* simboliza o movimento de forças antagônicas que convergem para o mesmo ponto. Também simboliza o movimento de um lugar para outro, ou seja, o início da jornada que tem como objetivo chegar em um porto seguro (ponto de partida e ponto de chegada).

Três Mundos

- *Talam* (físico/material): vitória, viagem, progresso.
- *Muir* (emocional/sentimental): dúvida, indecisão, opção.
- *Nem* (espiritual/mental): determinação, continuidade, avanços.

Significados oraculares

Onn, o décimo sétimo *fid*, significa movimento, viagens, caminhos, jornadas, velocidade, rapidez, mudanças, ação, escolhas, transição, objetivos, urgência, missão, peregrinação, transporte, nobreza, locomoção, percurso, rota, direção, veículo, vitória, sucesso e decisão. Representa todas as mudanças, caminhos e escolhas na vida do consultante.

Em seu aspecto inverso, *Onn* significa ansiedade, atrasos e tédio. O desafio é aproveitar o momento, sem pressa ou ansiedade, mas também não se deixar cair no marasmo. É preciso manter o ritmo dos acontecimentos sem perder o foco.

Em uma visão mais esotérica, esse *fid* representa o carro do sol, associado aos cavalos e à roda solar, símbolo da vida em sua plenitude. É a representação da faísca do sol que podemos carregar para dentro de nossas casas nos dias mais frios de inverno.

Uso mágico do fid

- Abertura de caminhos
- Vitória e sucesso em todos os setores da vida
- Mudanças e proteção em viagens

Uso mágico do tojo

- Fortuna
- Renovação e rejuvenescimento
- Ritos de verão e clareza

Pesquise

a) O significado simbólico da carruagem e do cavalo
b) Lendas associadas às deusas equinas (Rhiannon, Macha, Epona)
c) Costumes folclóricos relacionados ao tojo

18

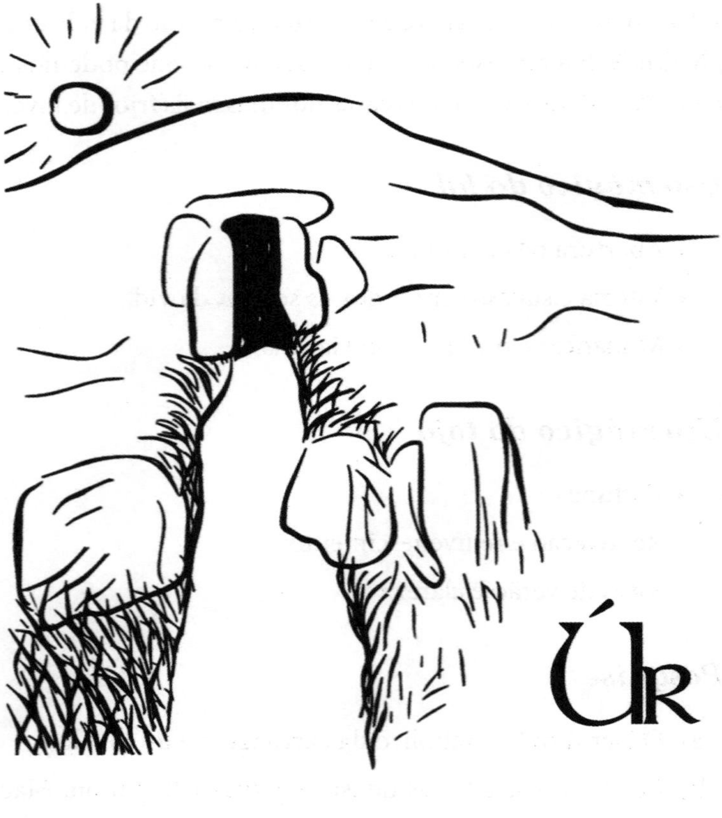

ÚR

Úr

Morte/Conclusão

Letra: U

Pronúncia: ur

Tradução: terra, solo

Planta: urze

Cor: *usgdha* – resinoso

Pássaro: *uiseoc* – cotovia

Classe: camponês

Simbologia: *Sídhe* (colina das fadas ou túmulo)

Palavra Ogham de Morainn mac Moín: *úaraib adbaib*
"Em habitações frias"

Palavra Ogham de Maic ind Óc: *sílad cland*
"Propagação das plantas"

Palavra Ogham de Con Culainn: *forbbaid ambí*
"Mortalha dos sem-vida"

Úr significa solo, terra ou argila e se refere aos túmulos, sepulturas, cavernas, ruínas e ao corpo físico.

Tem ligação também a tudo que cresce sobre a terra, como as plantas e a propagação de ervas daninhas em ruínas e lugares abandonados.

Corresponde à urze entre as plantas. Robert Graves associa a urze às abelhas e à boa sorte.

Como *Úr* está fortemente ligado à morte e ao Submundo, seu correspondente mitológico é Donn, o Deus dos mortos e ancestral dos gaélicos. Tech Duinn, a Casa de Donn, é a morada das almas dos mortos. Acredita-se que Donn foi enterrado em uma ilha rochosa na costa da Irlanda, onde há uma passagem subterrânea por onde as almas dos mortos se encaminham para o Submundo.

Simbolismo numérico

O número 3 em *Úr* simboliza as três qualidades da terra, ou seja, o solo que faz crescer as plantas e ervas, a argila moldável no qual são feitos os recipientes e a terra como túmulo, que recebe os corpos dos mortos.

Três Mundos

- *Talam* (físico/material): morte, finalização, conclusão.
- *Muir* (emocional/sentimental): tristeza, melancolia, saudade.
- *Nem* (espiritual/mental): materialismo, ceticismo, análise.

Significados oraculares

Úr, o décimo oitavo *fid*, significa morte, encerramento, conclusão, fim, sepultura, estagnação, sofrimento, fantasmas, o corpo físico, tristeza, depressão, o solo, a terra, crescimento de algo novo, passagens, ciclo de morte e vida, cavernas, ervas daninhas, subsolo, cemitério, esquecimento, abandono, separação, perdas e rompimento. Caracteriza o fim de um período e o início de outro, é a transformação causada pela morte.

Em seu aspecto inverso, *Úr* significa crescimento, regeneração e esperança de tempos melhores. O desafio é aceitar os momentos de dor e tristeza como um aprendizado para sua evolução e compreender que da morte a vida se propaga.

Em uma visão mais esotérica, *Úr* simboliza os montes mágicos do *Sídhe*, uma passagem para o reino subterrâneo e os fantasmas errantes que assombram cemitérios e lugares abandonados. Também representa o fim do ano e o Festival de Samhain, em honra aos mortos.

Uso mágico do fid

- Superar a depressão e a tristeza
- Contato com espíritos dos mortos
- Pôr fim em uma situação embaraçosa

Uso mágico da urze

- Atração física
- Boa sorte
- Encantamento de amor e romance

Pesquise

a) O significado simbólico da terra, da sepultura, da caverna e dos montes de fadas (conhecidos como *Sídhe* na mitologia irlandesa)

b) Lendas associadas aos deuses dos mortos (Donn, Morrígan, Arawn)

c) Costumes folclóricos relacionados à urze

19

ᚓ

Edad

Amizade/Uniões

Letra: E

Pronúncia: edad

Tradução: desconhecido, talvez teixo

Árvore: álamo-tremedor ou choupo

Cor: *erc* – vermelho

Pássaro: *ela* – cisne

Classe: arbusto

Simbologia: cisne

Livro Ogham das Madeiras: "Horrível aflição, a árvore-teste"

Palavra Ogham de Morainn mac Moín: *érgnaid fid* "Árvore do perspicaz"

Palavra Ogham de Maic ind Óc: *commaín carat* "Sinônimo de amigo"

Palavra Ogham de Con Culainn: *bráthair bethi* "Irmão da bétula"

Não se sabe qual o significado exato da palavra *Edad*. Acredita-se que venha de *Ibar*, "teixo", assim como o *fid Idad*.

Seu pássaro é o cisne, o símbolo celta do Outro Mundo, do amor, da beleza, irmandade e fidelidade.

No conto *O Sonho de Óengus*, o Deus do amor Angus Mac Og se apaixona por uma donzela encantada que foi transformada em cisne, acompanhada de outras 150 jovens, na noite de Samhain. Ele quebra o encanto e ambos assumem a forma de cisnes e cantam uma linda canção, fazendo com que as pessoas adormeçam por três dias e três noites.

Na tradição arbórea, essa letra está relacionada ao álamo--tremedor, considerado na Escócia uma árvore amaldiçoada, pois a cruz de Cristo foi feita de sua madeira. Nas palavras Ogham essa letra está ligada à amizade e proximidade.

Talvez essa concepção negativa de "árvore traidora ou amaldiçoada" surgiu após a cristianização, para refutar os reais significados de amizade e fidelidade da letra/árvore.

"Irmão da bétula" talvez seja uma referência à semelhança entre a bétula e o álamo ou, segundo Erynn Rowan Laurie, refere-se ao cogumelo *amanita muscaria* que nasce nos troncos de bétula.

Os galhos de álamo-tremedor foram utilizados para medir sepulturas e defuntos e estão ligados ao mundo dos mortos, ao tabu e à maldição.

Simbolismo numérico

O número 4 em *Edad* simboliza as quatro premissas de um contrato, ou seja, acordo, compreensão, consentimento e garantia assegurada (tríades celtas). Representa também a solidez de uma união e a conservação da amizade.

Três Mundos

- *Talam* (físico/material): união, encontro, acordo.
- *Muir* (emocional/sentimental): amor, afeto, fidelidade/traição.
- *Nem* (espiritual/mental): tabu, pensamentos proibidos, restrição.

Significados oraculares

Edad, o décimo nono *fid*, significa amizade, companheirismo, irmandade, união, parceria, contrato, casamento, acordo, amigos, conciliação, discernimento, sagacidade, relação, vínculos, fidelidade/traição, tabu, proibições, comunicação com espíritos, testes e intimidade. Denota todo tipo de relacionamento e intimidade na vida do consultante, assim como alianças, uniões e acordos.

Em seu aspecto negativo, *Edad* significa traição, tabus, separação, testes, aflição, maldições e proibições. Mantenha-se fiel aos seus princípios éticos e morais, conquistando, dessa forma, a confiança das pessoas ao seu redor.

Em uma visão mais esotérica, *Edad* simboliza o encanto e a beleza do Outro Mundo, simbolizado pelo canto místico do cisne, que era capaz de fazer com que as pessoas adormecessem. Está associado também à capacidade de se comunicar com os mortos.

Uso mágico do fid

- Contratos, acordos, parcerias e relacionamentos, sejam eles amorosos, profissionais ou fraternais
- Questões relacionadas à amizade
- Superar testes e tabus

Uso mágico do álamo

- Proteção contra roubos e ladrões
- Feitiços de eloquência e boa comunicação
- Mensagens mágicas

Pesquise

a) O significado simbólico do cisne
b) Lendas associadas ao Deus Angus Mac Og
c) Costumes folclóricos relacionados ao álamo-tremedor

20

Idad

Idad

Velhice/Tradição

Letra: I

Pronúncia: idad

Tradução: teixo

Cor: irfind – muito branco

Pássaro: *illait* – filhote de águia

Classe: chefe

Simbologia: bardo tocando harpa

Palavra Ogham de Morainn mac Moín: *sinem fedo*
"Mais velha das árvores"

Palavra Ogham de Maic ind Óc: *caínem sen*
"Mais belo dos anciões"

Palavra Ogham de Con Culainn: *lúth lobair*
"A energia de uma pessoa instável"

A palavra *Idad*, assim como *Edad*, talvez provenha de *Ibad*, ou seja, "teixo". É a última letra ogâmica e simboliza a velhice, a tradição e a longevidade.

O teixo é frequentemente associado à morte e aos mortos, pois é encontrado em cemitérios. Talvez daí provenha a crença de que o teixo seja a árvore da imortalidade. Varas ogâmicas feitas de teixo foram utilizadas pelos antigos druidas como uma forma de adivinhação.

Como está ligado à imortalidade, memória e velhice, *Idad* se relaciona ao mito de Tuan mac Cairill, um eremita irlandês imortal. Ele foi membro do povo de Partholon e o único sobrevivente ao dilúvio que assolou a Terra, assumindo a forma de diversos animais ao longo da sua vida, até que se transformou em um salmão que foi comido pela esposa de Cairill. Nove meses depois, renasce sob o nome de Tuan mac Cairill, sem perder a memória de suas vidas anteriores.

Simbolismo numérico

O número 5 em *Idad* simboliza o centro do conhecimento, a fogueira onde a tribo se reúne ao redor para manter viva a tradição e o conhecimento dos antigos, causando, mais uma vez, a união da tribo. É a conservação da totalidade (o homem como o todo) e da imortalidade (infinito).

Três Mundos

- *Talam* (físico/material): velhice, influência do passado, aprendizagem, experiência.
- *Muir* (emocional/sentimental): respeito, honra, lealdade.
- *Nem* (espiritual/mental): estudo, maturidade, memória.

Significados oraculares

Idad, o vigésimo *fid*, significa idade, velhice, experiência de vida, tradição, descendência/ascendência, aprendizado, avós, registros, memória, passado, livros, professores, mestres, heranças, ancestrais, antepassados, história, longevidade, antiguidade, durabilidade e erudição. Representa todas as experiências adquiridas, nesta e em outras vidas.

Em seu aspecto negativo, *Idad* significa esquecimento, desrespeito com as tradições e ingratidão. Preserve a chama da tradição viva, respeitando e honrando o conhecimento ancestral e aprenda com a experiência.

Em uma visão mais esotérica, *Idad* simboliza a imortalidade da alma e os deuses imortais. Está ligada à memória mais profunda que há em nosso ser, nossa herança cultural e as histórias e lendas passadas por gerações.

Uso mágico do fid

- Aprendizado, estudos e compreensão
- Adquirir honra e reconhecimento
- Proteção para idosos

Uso mágico do teixo

- Regeneração e renovação
- Comunicação com os espíritos dos mortos
- Vida longa

Pesquise

a) O significado simbólico da harpa e da longevidade
b) Lendas e histórias associadas aos seus ancestrais e à figura mitológica de Fitán
c) Costumes folclóricos relacionados ao teixo

Forfeda

DIREÇÃO: *Mide* - Centro e pontos colaterais (Nordeste, Sudeste, Noroeste e Sudoeste)

PROVÍNCIA DA IRLANDA: *Meath*

SIGNIFICADO: *flaith* - realeza

Os *forfeda* formam um grupo adicional de ditongos e representam os caminhos que a alma deve percorrer[27]. São como chaves que destrancam portas para reinos distantes e correspondem ao centro, aos pontos colaterais e à realeza.

A Bolsa de Garça, pertencente ao Deus dos mares Manannán, é listada em um poema irlandês, e seu conteúdo mágico foi associado por Robert Graves aos *forfeda*.

27. Particularmente não utilizo os *forfeda* em uma interpretação oracular. Utilizo-os principalmente como orientações (vide método da Janela de Fionn). Mas sinta-se à vontade em utilizá-los com os *feda* em suas interpretações.

21

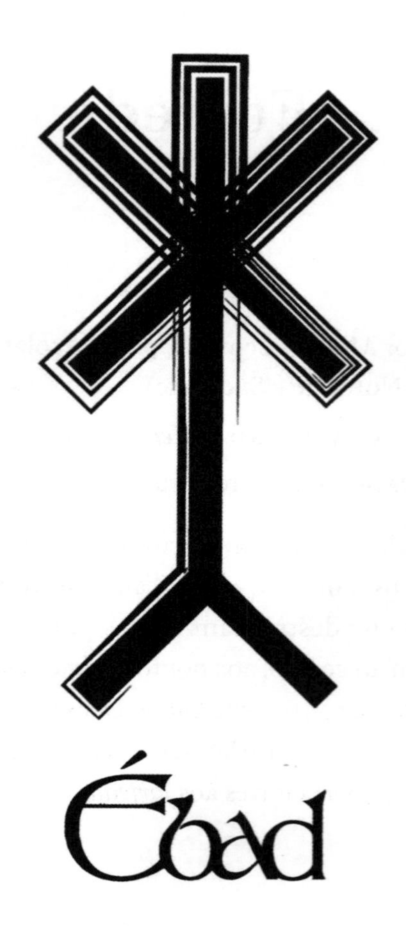

Ébad

Ébad

Ditongo: ea

Árvore: álamo-branco

Pronúncia: evad

Tradução: desconhecido, talvez salmão

Valor numérico: 10

Bolsa de Garça: tesouras do rei da Escócia

Palavra Ogham de Morainn mac Moín: *snámchaín feda*
"Madeira flutuante"

Palavra Ogham de Maic ind Óc: *cosc lobair*
"Admoestação de uma pessoa instável"

Palavra Ogham de Con Culainn: *caínem éco*
"Mais belo dos peixes"

Talvez, a tradução da origem do nome desse *forfid* seja "salmão" e isso fica evidente na palavra Ogham se referindo a ele como o mais belo dos peixes. O salmão é considerado um símbolo de sabedoria e longevidade entre os celtas.

Significados oraculares

- sabedoria, longevidade, ancestralidade.

22

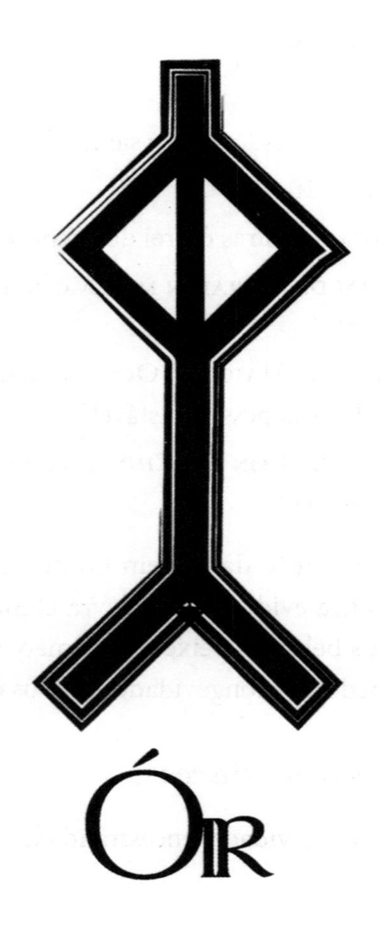

Óir

Ditongo: oi

Planta: hera ou evônimo europeu

Pronúncia: ór

Tradução: ouro

Valor numérico: 20

Bolsa de Garça: elmo do rei de Lochlainn

Palavra Ogham de Morainn mac Moín: *sruithem aicde*
"Mais venerável substância"

Palavra Ogham de Maic ind Óc: *lí crotha*
"Esplendor da forma"

A origem da palavra *Óir* significa Ouro, o mais nobre dos metais, símbolo de riqueza e beleza. Seu formato lembra um fuso e, como vimos, este representa o estabelecer da paz.

Significados oraculares

- beleza, riqueza, reconhecimento.

23

Uilleann

Uilleann

Ditongo: ui

Planta: madressilva

Pronúncia: iUlen

Tradução: cotovelo

Valor numérico: 100

Bolsa de Garça: gancho de ferreiro de Goibniu

Palavra Ogham de Morainn mac Moín: *túthmar fid* "Árvore perfumada"

Palavra Ogham de Maic ind Óc: *cubat oll* "Grande cotovelo"

Esse *forfid* se assemelha a uma espiral, símbolo do nascimento, desenvolvimento, reencarnação e dos ciclos da vida. A origem de seu nome significa cotovelo e denota flexibilidade.

Significados oraculares

- ciclicidade, flexibilidade, vida.

24

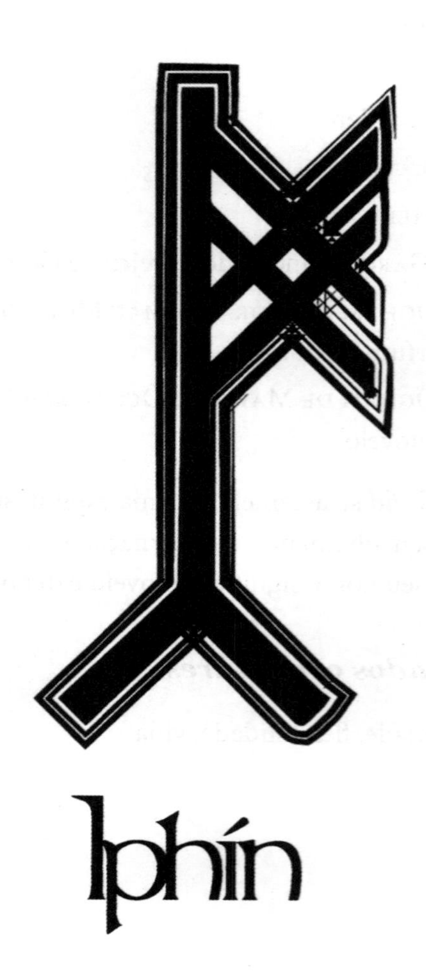

Iphín

Pin ou Iphín

Ditongo: io (originalmente correspondia à letra P)

Árvore: groselha ou espinheiro

Pronúncia: pin ou Ifin

Tradução: espinho ou mel

Valor numérico: 200

Bolsa de Garça: ossos do porco de Assal

Palavra Ogham de Morainn mac Moín: *milsem fedo*
"Mais doce das árvores"

Palavra Ogham de Maic ind Óc: *amram mlais*
"Gosto maravilhoso"

Esse *forfid* está relacionado ao mel, portanto, à doçura e alegria que há em nossas vidas. Um dos epítetos do Deus Ogma, o criador do Ogham, é *Milbél* (boca de mel), uma referência a sua eloquência.

Significados oraculares

- alegria, ternura, eloquência.

25

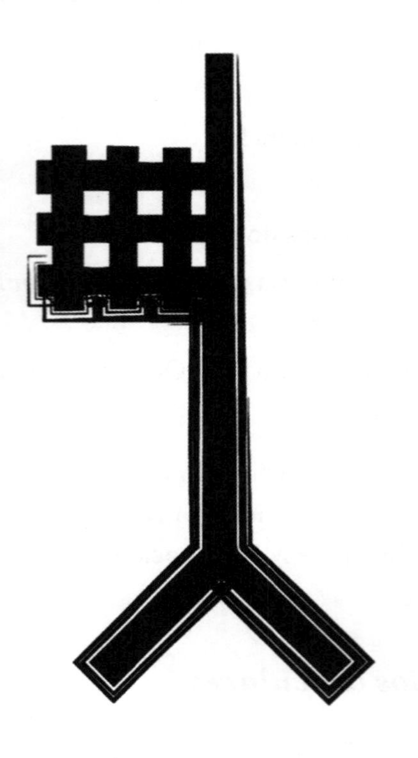

Eamhanchoill

Eamhancholl

DITONGO: ae (originalmente correspondia às letras CH ou X)

ÁRVORE: faia

PRONÚNCIA: evanchol (com o "ch" preso na garganta, como em "Bach")

TRADUÇÃO: gêmeo da aveleira

VALOR NUMÉRICO: 400

BOLSA DE GARÇA: camisa de Manannán

PALAVRA OGHAM DE MORAINN MAC MOÍN: *lúad sáethaig*
"Gemido de uma pessoa doente, expressão de um cansado"

PALAVRA OGHAM DE MAIC IND ÓC: *mol galraig*
"Gemido de uma pessoa doente"

A palavra Ogham se refere a uma pessoa fraca ou doente, que se expressa através de gemidos de dor. "Gêmeo da Aveleira" remete ao formato da letra, ou seja, duas vezes a letra *Coll*.

Significados oraculares

- doença, lamento, aflição.

Pesquise

a) O significado simbólico dos pontos cardeais

b) Lendas associadas ao Deus Manannán Mac Lír

c) Costumes folclóricos relacionados ao bosque e ao mar

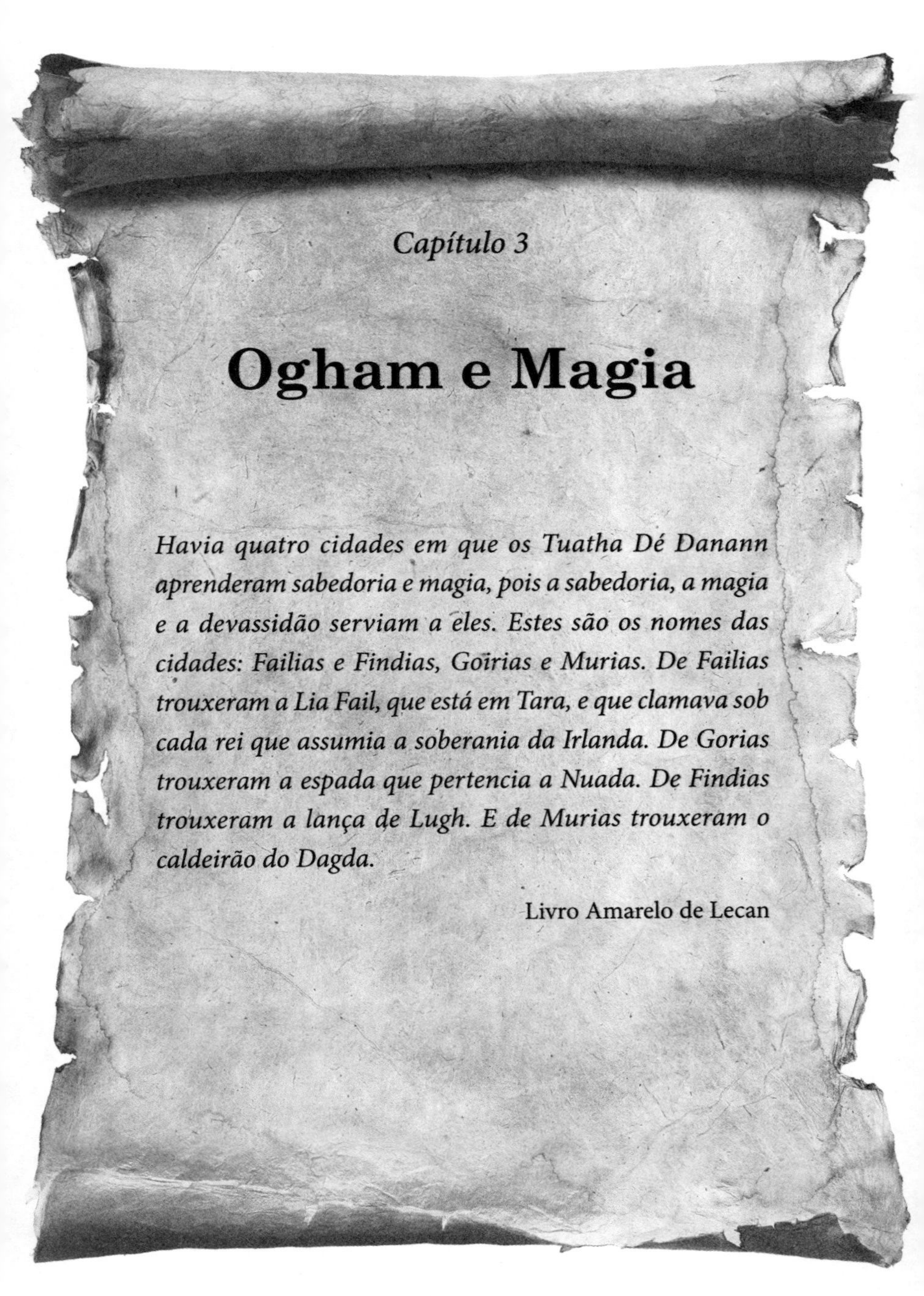

Capítulo 3

Ogham e Magia

Havia quatro cidades em que os Tuatha Dé Danann aprenderam sabedoria e magia, pois a sabedoria, a magia e a devassidão serviam a eles. Estes são os nomes das cidades: Failias e Findias, Goirias e Murias. De Failias trouxeram a Lia Fail, que está em Tara, e que clamava sob cada rei que assumia a soberania da Irlanda. De Gorias trouxeram a espada que pertencia a Nuada. De Findias trouxeram a lança de Lugh. E de Murias trouxeram o caldeirão do Dagda.

Livro Amarelo de Lecan

Ogham e Magia

Acredita-se que o Ogham, semelhante às runas, foi utilizado em magias e rituais. Porém, há poucas evidências históricas ou arqueológicas que comprovem tal fato. Hoje, seu uso em encantamentos é muito comum, e druidas modernos fazem uso do seu poder mágico em seus rituais.

No final do século 19 foi descoberta uma conta de âmbar, hoje no Museu Britânico, com inscrições ogâmicas, o que sugere, talvez, seu uso na magia. Esse suposto amuleto foi propriedade de uma tradicional família irlandesa, passado por gerações. Sua datação é entre os séculos 5 e 7 E.C. e nele há a inscrição ATUCMLU. Acredita-se que essa conta foi utilizada como amuleto, pois a palavra inscrita em sua superfície não tem nenhum sentido em irlandês ou em outra língua próxima. Talvez se trate de um código ou as iniciais de uma formula mágica, semelhante às gemas gnósticas, populares no mediterrâneo nos primeiros séculos da Era Comum. Essa é uma das poucas evidências concretas de que o Ogham foi utilizado em magia, como amuleto ou talismã.

R. A. Stewart Macalister, em seu livro *The Secret Languages of Ireland*, faz o seguinte relato sobre achados arqueológicos de possíveis artefatos mágicos ogâmicos:

> Em uma antiga estrutura de pedra de Glenfahan, oeste de Dingle, Co. Kerry, foi encontrada uma laje com uma cruz, um ornamento rude e uma inscrição em letras Ogham, sem corte, como é habitual no ângulo da pedra, mas foi feita uma incisão de linha central, onde é possível ler LMCBDV. Uma conta de âmbar, longamente preservada em Ennis, possui tradicionalmente qualidades mágicas, que passou no século 19, através da recolha de Londesborough, para a coleção do Museu Britânico, onde está igualmente inscrito LMCBTM (invertida).
>
> Fórmulas do mesmo tipo, ainda mais obscuras, são marcadas em alguma variedade críptica de Ogham em uma laje em Aultagh, em East Carbery, Co. Cork. Essas linhas de letras podem concebivelmente ser as iniciais de fórmulas litúrgicas, cantadas pelas autoridades subordinadas, em resposta às versificadas "palavras de poder" proferidas pelo arquidruida. As palavras desconhecidas fariam toda a cerimônia extremamente impressionante, embora, infelizmente, não podemos escrever o ritual na íntegra.[28]

Apesar das poucas evidências históricas, nos mitos, o Ogham é descrito como elemento mágico e foi utilizado em encantamentos, como exposto em uma passagem do *Táin Bó Cuailnge*[29], em que o herói Cú Chulainn, em pé sobre uma perna, com um olho aberto e usando apenas uma mão, escreve sobre um pilar de pedra, com letras ogâmicas, uma proibição na qual ninguém poderá passar a não ser que um feito semelhante seja realizado. Fergus mac Róich, seu inimigo, pede a seus druidas que interpretem a inscrição secreta.

---

28. Referência: https://archive.org/details/rosettaproject_gle_ortho-2
29. *Roubo do Gado de Cooley*, o mais famoso épico irlandês.

Outra evidência, mais subjetiva, são as inscrições em pedra que se referem a deuses ou antepassados divinos e místicos, como LUGADDON (de Lugh, o Deus), MAQVI QOLI (filho da aveleira) e IVOGENI (nascido do teixo). É perceptível em algumas inscrições a importância, mesmo durante o período cristão, que os antigos ainda atribuíam aos deuses e à magia da floresta.

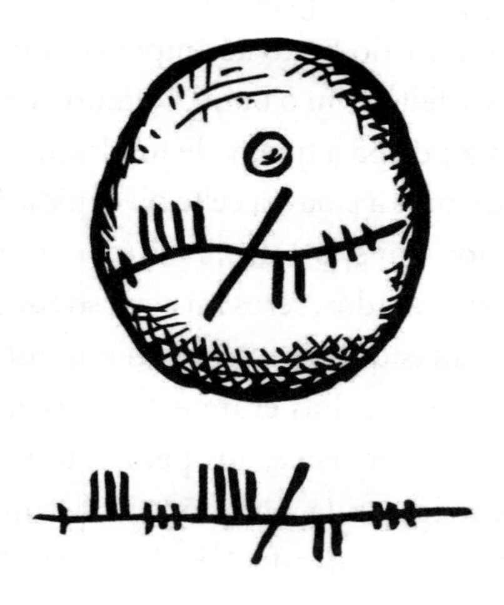

Reprodução do amuleto ATUCMLU

Magia Celta

A magia talvez seja uma das mais antigas formas de espiritualidades praticadas pelos seres humanos. As primitivas pinturas em cavernas feitas normalmente em lugares inacessíveis, longe dos olhos mundanos, marcaram os primeiros contatos com forças invisíveis. Ao pintar animais nas paredes das cavernas, os magos-artistas-xamãs acreditavam que por meio da imagem e sua manipulação, poderiam dominar os espíritos dos animais e, assim, despertar a força e a coragem nos caçadores.

Desde os primórdios, a humanidade fez uso da arte para fins mágicos. Quando nossos ancestrais pintavam animais nas paredes das cavernas, acreditavam que a pintura representava fielmente o animal a ser abatido e, muitas vezes, essas imagens eram atacadas em um ritual que visava ao bom desempenho da caçada, algo muito semelhante aos "bonecos vodus", comuns, não só entre as práticas mágicas de origem africana, como em todo o mundo antigo, do Egito ao Império Romano, na qual, o que quer que fosse feito com o boneco, tanto de bom, quanto de ruim, refletiria na pessoa a quem ele foi destinado.

Quando ouvimos a palavra celta ou druida, imediatamente nossas mentes nos transportam para uma era de magia, com reis e cavaleiros encantados, seres misteriosos que habitam sombrias florestas e fadas que se escondem em outeiros sagrados. Isso porque os antigos celtas eram extremamente dedicados à magia, comparados, inclusive, aos persas, um dos povos mais supersticiosos e mágicos da Antiguidade, assim como descrito por Plínio, O Velho, no século 1 E.C., referindo-se aos celtas da Britânia:

> Hoje, impressionada de fascínio, a Britânia ainda cultiva a arte mágica e, com cerimônias tão esplêndidas, ela parece ter sido a primeira a transmiti-las ao povo da Pérsia.

Além dos diversos relatos clássicos das práticas mágicas dos celtas, as sagas e lendas irlandesas e galesas estão repletas de deuses e druidas que exercem domínio mágico sobre a natureza, capazes de dar vida às árvores, invocar tempestades, mudar de forma, lançar encantamentos e maldições, etc. Apesar de sua forte associação com a magia, os druidas eram mais que magos ou sacerdotes, eram os responsáveis por diversas funções na sociedade celta, de juízes a curandeiros.

Os deuses eram, evidentemente ao lado dos druidas, os detentores dos segredos mágicos. Os Tuatha Dé Danann, ou a Tribo dos Deuses da Arte, são os antigos deuses irlandeses, descritos nas lendas daquele povo como grandes reis e rainhas, guerreiros e heróis de um passado remoto. Os deuses eram sempre descritos como guardiões do conhecimento mágico. Eles aprenderam magia nas místicas ilhas que se encontram no norte do mundo, e seus druidas divinos tinham a capacidade de trazer os mortos de volta à vida. Não me estenderei sobre as diversas passagens de práticas mágicas dos druidas na mitologia celta, pois ultrapassaria o propósito deste livro, mas a magia e a bruxaria ainda sobrevivem nos costumes populares dos descendentes dos celtas em toda Europa Ocidental.

Normalmente, nos dias de hoje, a magia celta é sinônimo de magia natural, uma vez que a antiga religiosidade celta era animista em essência. Dessa forma, o mundo natural exerce forte influência nas práticas mágicas modernas, pois tudo é visto pelo druida como animado, ou seja, tudo possui alma e poder mágico. A primeira coisa que um mago ou druida precisa fazer para praticar magia natural é justamente travar contato com a natureza e seus diversos espíritos. A humanidade cada vez mais se distancia da natureza, desligando-se de seus ciclos. Os ritos mágicos visam justamente à reconexão com o mundo natural.

Mas afinal, o que é magia? Segundo Aleister Crowley, um dos mais influentes magos do século 20, magia é "a arte de provocar mudanças pela vontade". Dion Fortune, outra ocultista muito famosa e, na minha opinião, uma das melhores, dá uma pequena contribuição para a afirmação anterior. Ela definia magia como "a arte de causar mudanças na consciência pelo poder da vontade". Dessa forma, podemos definir a magia celta moderna como a utilização da vontade tendo a natureza como fator de canalização de energia para causar mudanças na consciência. De uma forma simples, para que a magia tenha resultados satisfatórios e se concretize no plano físico, é preciso que o mago se utilize de sua capacidade de imaginação ao reunir elementos e símbolos, aplicando-os em um ritual.

Antes de ensinar como empregar as letras ogâmicas em ritos mágicos, é preciso explicar alguns fundamentos da magia celta como os *dúile*, a visualização criativa, a astrologia e a simbologia, para que você possa, assim, desenvolver seus próprios ritos mágicos, valendo-se do Ogham como fator de conexão entre o homem, a natureza e as divindades.

Dúile: o Homem, o Universo e a Magia

Os *dúile*, ou elementos, estão presentes em diversas passagens da mitologia, poesia e história dos antigos celtas. Influenciados pela concepção de quatro elementos, propagados pelos filósofos gregos, os celtas acreditavam que os elementos se desdobravam em diversas correspondências, além das tradicionais estabelecidas. Nas práticas mágicas modernas os *dúile* são amplamente utilizados.

Não há um consenso de quais e quantos elementos os celtas compreendiam, sabemos que há relatos descrevendo de sete a nove elementos que variam de um relato para outro. É de conhecimento que os elementos são fatores importantes na criação do Universo (macrocosmo) e no corpo humano (microcosmo), além de sua importância para a magia.

Uma das passagens mais conhecidas sobre os nove elementos celtas, trata-se do nascimento da Deusa Blodeuwedd, a donzela de flores, presente no poema galês *A Batalha das Árvores* de Taliesin:

Não de mãe, nem de pai,
Quando fui feito,
Meu Criador me criou.

De nove faculdades formadas,
Do fruto dos frutos,
Do fruto do Deus primordial,

De prímulas e flores da colina,
Das flores de árvores e arbustos.

Da terra, de um curso terrestre,
Quando eu fui formado.

Das flores da giesta e das urtigas,
Da água da nona onda.

Fui encantado por Math.

Antes de me tornar imortal,
Fui encantado por Gwydion
O grande purificador dos britanos,
De Eurwys, de Euron,
De Euron, de Modron.

De cinco vezes cinquenta de homens de ciência.

Mestres, filhos de Math.[30]

30. Referência: http://www.maryjones.us/ctexts/t08.html

No poema *A Canção do Grande Mundo*, também do bardo Taliesin, assim são descritas as sete faculdades do homem:

Adorarei meu Pai,
Meu Deus, meu fortalecedor,
Quem infundiu através da minha cabeça
Uma alma para me guiar.

Que para mim fez no discernimento,
Minhas sete faculdades.

Do Fogo e da Terra,
Da Água e do Ar,
De névoa e flores,
E do vento sul.

Outros sentidos de percepção
Seu pai formou para mim.

Um é o instinto,
Com o segundo eu toco,
Com o terceiro eu chamo,
Com o quarto sinto o gosto,
Com o quinto eu vejo,
Com o sexto eu ouço,
Com o sétimo eu cheiro.[31]

Os elementos descritos neste poema são: Fogo, Terra, Água, Ar, Névoa, Flores e Vento Sul. Eles estão associados aos sentidos, ou seja, o meio pelo qual nos conectamos ao universo: o tato, paladar, visão, audição e olfato, e segundo o bardo Taliesin, além dos cinco sentidos conhecidos, há mais dois, o instinto, que nos conecta ao mundo animal, e a fala, ligada ao mundo divino.

---

31. Referência: http://www.maryjones.us/ctexts/t55.html

Um antigo texto irlandês, encontrado na Biblioteca Britânica, descreve a criação de Adão a partir de oito elementos da natureza:

> Vale a pena saber que Adão foi feito de oito partes, ou seja: a primeira parte, da Terra; a segunda parte, do Mar; a terceira parte, do Sol; a quarta parte, de Nuvens; a quinta parte, de Vento; a sexta parte, de Pedras; a sétima parte, do Espírito Santo e a oitava parte, à Luz do Mundo.
>
> A parte da Terra é o corpo do homem; a parte do Mar, é o sangue do homem; a parte do Sol é seu rosto e seu semblante; a parte das Nuvens e a parte do Vento, a respiração do homem; a parte das Pedras, são seus ossos; a parte do Espírito Santo, sua alma; a parte que foi feita da Luz do Mundo, essa é sua piedade.[32]

É perceptível, nesse texto, que a criação de Adão (e dos seres humanos) aconteceu devido à combinação dos elementos que surgiram, talvez, do corpo de um ser primordial.

Dessa forma, podemos recriar um possível mito da criação celta, até então perdido, no qual os elementos primordiais e antagônicos, Água e Fogo[33], ao convergirem criaram a névoa, e da névoa surgiram os deuses, os gigantes e o ser primordial, que dará origem ao Universo.

Semelhante ao mito nórdico, o suposto gigante primordial do mito celta foi sacrificado por uma tríade de deuses, que criaram, a partir de seu corpo, o universo manifesto, ou seja, da cabeça do gigante surgiu o céu, de sua face, o sol, de seu sangue, o mar, etc. Todos esses elementos foram organizados e mantidos por um eixo cósmico, uma árvore sagrada, conhecida nos registros irlandeses como *bile* (veja Cosmologia Celta).

---

32. Referência: https://archive.org/stream/threeirishglossa00cormuoft/threeirishglossa00cormuoft_djvu.txt

33. Semelhante ao gelo e fogo da mitologia nórdica.

Não há nada na mitologia que indique quais deuses foram responsáveis pelo hipotético sacrifício primordial e criaram, posteriormente, a humanidade. Arrisco-me a sugerir que foram os campeões dos Tuatha Dé Danann, os deuses Dagda, Lugh e Ogma.

Segundo relatos romanos sobre a crença gaulesa, os humanos descendem, ou foram criados, por Dis Pater, o Deus do Submundo. Hoje, acredita-se que Dis Pater é o equivalente romano do Deus celta Sucellos, que portava uma marreta e que ao golpear o chão, árvores e vegetações se erguiam, assim sendo, podemos imaginar que os humanos surgiram do solo como as árvores, por intervenção de Sucellos.

O Deus irlandês que têm características semelhantes ao do gaulês Sucellos é o Dagda, o pai dos deuses, pois, é descrito nas lendas como um grande Deus que porta uma clava mágica, que concedia vida em uma das pontas e morte na outra, algo semelhante à marreta de Sucellos. Então, Dagda seria o Deus pai, que deu forma ao corpo humano.

Ogma, por sua vez, é o equivalente irlandês do Deus gaulês Ogmius, um Deus da eloquência, descrito como um poderoso campeão, semelhante a Hércules. Ogma tem o epíteto de "face solar", o que indica que seria, talvez, um Deus do sol e do céu. Portanto, Ogma, o Deus do céu e da retórica, concede aos humanos o sopro de vida e o dom da fala.

Os humanos, apesar de vivos, não tinham a capacidade de pensar ou agir por si mesmos. Coube ao terceiro Deus da tríade, Lugh, o Deus de muitas artes, a função de conceder esse dom à humanidade. Lugh é correlato ao Deus gaulês Lugus, descrito como o Deus dos caminhos e encruzilhadas, pois atuava em todos os reinos. Dessa forma, Lugh, o Deus de muitas habilidades, vencedor do gigante da esterilidade, concede à humanidade o dom da inteligência.

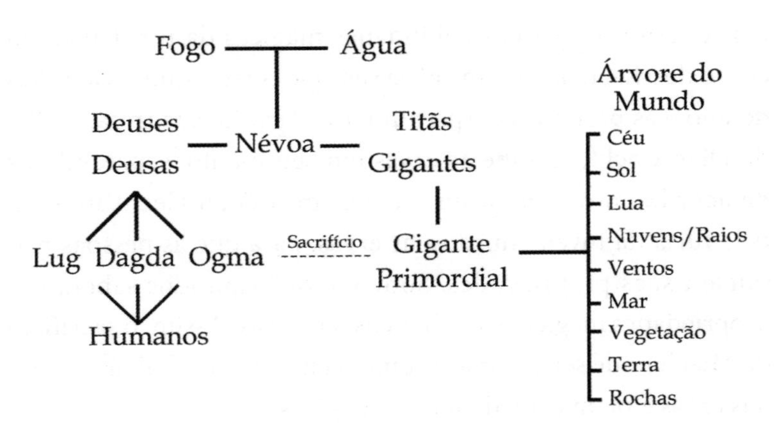

Criação Celta

Esse relato da criação celta que acabamos de ver é apenas uma, dentre tantas outras hipóteses. Vale ressaltar que meu propósito não é recriar fielmente o mito da criação celta, mas dar parâmetros aos estudos, comparando mitos e lendas correlatos e demonstrar que há diversas possibilidades para se trabalhar com os elementos em magia.

Ainda assim, é de grande importância a compreensão dos elementos nos mitos celtas, como veremos a seguir.

No Senchus Mór, um antigo texto jurídico irlandês, é dito que os druidas afirmavam terem feito o céu, a terra, o mar, o Sol e a Lua. Segundo Mircea Eliade, no rito sacrificial, o sacerdote se torna participante do sacrifício original que deu origem ao mundo e recria esse momento mítico primordial, simbolicamente. Assim, o druida ou o mago, ao fazer o sacrifício, real ou simbólico, está recriando o Universo, garantindo que a natureza continue se renovando.

Outro exemplo do sacrifício, como fator criador, está presente no mito da morte de Miach. O Deus da medicina, Dian Cecht, por inveja, mata seu filho Miach, decapitando-o, pois ele era superior ao pai nas habilidades mágicas da medicina. Do corpo de Miach nasceram 365 ervas, que correspondem aos dias do ano e às partes do corpo humano. Airmid, sua irmã, e filha de Dian Cecht, recolhe as ervas em seu manto, separando-as de acordo com suas propriedades, mas Dian Cecht movido pela fúria da inveja, mistura as ervas, para que as pessoas não saibam suas propriedades. Somente os inspirados saberão as propriedades mágicas e medicinais das ervas. Assim, o sacrifício de Miach pode ser encarado como o fator primordial na criação das ervas e plantas medicinais e mágicas.

Podemos aplicar esse mesmo princípio em nossos ritos mágicos, ao recriar simbolicamente um universo paralelo, reunindo os elementos, ao imitar o sacrifício primordial.

Hoje, os druidas não fazem sacrifícios humanos ou animais. Compreendemos que o sacrifício é simbólico, semelhante à eucaristia da Igreja Católica, que transforma o pão e o vinho no corpo e no sangue de seu Deus sacrificado.

Os *dúile* também têm paralelos com a teoria do temperamento, desenvolvida pelo filósofo grego Hipócrates, que se baseia nos quatro elementos (Terra, Fogo, Água e Ar) e nos quatro fluídos corporais que predominam no corpo humano. Para os gregos haviam quatro tipos de humores, a saber:

- Sanguíneo: irritável e expansivo.
- Fleumático: dócil e sonhador.
- Colérico: explosivo e ambicioso.
- Melancólico: pessimista e nervoso.

A teoria do temperamento celta é encontrada no texto sobre a criação de Adão citado anteriormente, como podemos ver a seguir:

Se é a Terra que prevalece no homem, ele será preguiçoso. Se for o Mar, ele será instável. Se for o Sol, ele será bonito, animado. Se for as Nuvens, ele será leve, tolo. Se for o Vento, ele será forte para todos. Se for as Pedras, ele será difícil de subjugar e será um ladrão e cobiçoso. Se for o Espírito Santo, ele será vívido, de um bom semblante e cheio da graça da divina escritura. E se for a Luz, ele será um homem amável e sensível.

Como visto, o temperamento é determinado pelo excesso ou deficiência de um elemento no corpo humano. Essa é uma importante informação aos druidas e magos modernos, pois, dessa forma, ao saber qual é o elemento predominante em uma pessoa, torna-se possível equilibrá-los para promover a cura e o bem-estar.

Um exemplo de como trabalhar com os elementos é promover atividades relacionadas ao elemento deficiente, ou seja, uma pessoa com excesso de Terra, lenta e preguiçosa, deve priorizar atividades ao Sol, absorvendo suas energias, para que se torne mais ativa e animada.

Antes de encerrar esse tema, devo dizer que o corpo humano é sagrado! Como é de conhecimento, o druidismo e diversas vertentes do politeísmo e do paganismo honram a natureza e a consideram sagrada, portanto, como posso, por exemplo, honrar e contemplar o Sol, se não contemplo meu próprio rosto? Ou o rosto das pessoas ao redor? Como posso adorar a Deusa da Terra, se não adoro meu próprio corpo, mesmo que ele não esteja dentro do padrão imposto pela sociedade moderna? Aceitar e contemplar seu próprio corpo e espírito é adorar a natureza. Reconhecer suas características físicas como únicas é honrar todos seus antepassados, desde o mais remoto, até seu pai e sua mãe. Não seja escravo do materialismo, mas reconheça a sacralidade do seu corpo físico como extensão da própria natureza, que é perfeita, mesmo em seus aspectos mais sombrios.

Portanto, concluo que os elementos na tradição celta:

- Correspondem ao corpo de um ser primordial que, ao ser sacrificado, dá origem ao Universo.
- Estão presentes no corpo humano, como microcosmo.
- São fatores importantes no equilíbrio e no temperamento humano.
- Podem ser utilizados na magia simpática, como representações do macro e do microcosmo.

Visualização

A magia, a meu ver, acontece primeiro no plano astral[34] antes de se concretizar no plano físico. Dessa forma, antes de qualquer trabalho mágico, o druida ou mago deve se familiarizar com esse plano.

A melhor forma de acessar o plano astral e manipular sua energia é mediante a visualização criativa, que nada mais é do que a capacidade de utilizar a imaginação para criar uma realidade paralela e materializá-la no plano físico.

Existem diversas técnicas de visualização criativa. Basicamente todas partem do princípio de manter a mente focada em determinada situação, como se fosse real, imaginando algo como se já tivesse acontecido. Digamos, por exemplo, que você queira comprar uma casa nova, para isso, basta imaginar, vividamente, a si mesmo morando em uma nova casa. Imagine os cômodos,

34. O plano astral é também conhecido como mundo interior, esfera lunar, ou, segundo alguns, mente subconsciente.

a decoração, os detalhes da mobília, o bairro onde se encontra a casa, a rua ou qualquer outro detalhe que achar relevante. Para que seu desejo se realize, segundo os especialistas sobre o assunto, basta repetir a visualização frequentemente, até que o desejo se materialize. Essa técnica também é conhecida como magia das formas-pensamento.

Acredito que o segredo da magia realmente começa com a visualização criativa ou com a capacidade de manipular as formas-pensamento, no entanto, a magia vai além da visualização criativa, ou da criação de formas-pensamento ou mesmo do simples psiquismo, ela abrange a capacidade do druida de entrar em contato com a divindade e com a natureza ao seu redor.

Antes de ensinar algumas técnicas de magia, proponho um exercício de visualização para que o mago possa se sintonizar com o plano astral ou com seu mundo interior. Não pule essa etapa do aprendizado mágico, por mais entediante que pareça, pois, quanto maior o domínio e compreensão sobre os planos interiores o mago tiver, mais fácil será a realização da magia no plano físico. Lembre-se de que a magia não serve apenas para materializar desejos mundanos, serve, antes de tudo, como um meio pelo qual o druida consegue se desenvolver espiritualmente.

Exercício da Árvore do Mundo:

Aprendi esse exercício quando iniciei meus estudos druídicos há muitos anos, mas já encontrei algumas variações. O exercício em si é extremamente fácil, qualquer pessoa pode executá-lo. Creio que todo aspirante à magia celta e druidismo deveria executá-lo antes de um rito mágico, devido a sua eficiência e praticidade.

A intenção desse exercício é conectar a energia do druida com a Árvore do Mundo, a *bile* sagrada, o eixo que é responsável por unir o Mundo Médio, onde vivemos, ao Mundo Superior e ao Mundo Inferior.

Os efeitos desse rito são semelhantes ao do ritual cabalístico do Pilar do Meio, propagado por diversas ordens esotéricas ocidentais. Segundo Israel Regardie, o Ritual do Pilar do Meio propicia o alinhamento com o Sagrado Anjo Guardião ou o Eu Superior, portanto, é uma ótima forma de elevar o pensamento aos planos mais sutis da existência e aos mentores espirituais.

Prática:

- Sente-se confortavelmente ou se mantenha de pé com a coluna reta e os pés levemente afastados.
- Feche seus olhos, respire fundo e sinta o ambiente ao redor.
- Relaxe e se conecte com seu Eu Superior, eleve seus pensamentos aos planos sutis.
- Imagine que de seus pés saem raízes.
- As raízes se estendem pelo solo, cada vez mais e mais fundo.
- Suas raízes atingem um fluxo de líquido escuro e frio nas profundezas da terra.
- Sinta essa energia ser absorvida por suas raízes.
- A energia telúrica sobe por suas pernas e atinge o centro do seu corpo.
- Agora eleve seus braços afastados sobre a cabeça.
- Estenda eles como galhos, abra bem as mãos.
- Imagine que seus braços são galhos.
- Seus dedos se expandem cada vez mais e mais.
- Sinta a energia quente e dourada que provém do Sol no alto do céu sendo absorvida pelos seus dedos.

- Essa energia solar desce pelos seus braços até seu corpo.
- Sinta a energia solar e a energia telúrica se unindo no centro do seu corpo, na região do Plexo Solar[35], como uma espiral dupla celta.
- Mantenha-se nessa posição no tempo que desejar.
- Respire profundamente.
- Abaixe os braços lentamente e volte à sua consciência normal.

Após o exercício de visualização da Árvore do Mundo, o praticante pode passar para a próxima etapa do trabalho mágico.

Astrologia e influências lunares

Não há uma reconstrução fiel e completa da astrologia utilizada pelos antigos druidas, o que temos são fragmentos míticos e de autores clássicos que falam do conhecimento astrológico dos druidas. Pomponio Mela, em seu compêndio *De Chorographia,* afirma que os druidas "...professam conhecer o tamanho e a forma do mundo, os movimentos dos céus e das estrelas e a vontade dos deuses". Júlio César, ao se referir aos druidas em *De Bello Gallico,* diz:

> Além disso, eles têm muitas discussões sobre as estrelas e seus movimentos, o tamanho do Universo e da Terra, a ordem da natureza, a força e os poderes dos deuses imortais; toda sua sabedoria era ensinada aos jovens.[36]

De acordo com relatos clássicos e comprovados pela mitologia celta irlandesa, sabe-se que os celtas calculavam seus

35. Abaixo do diafragma.
36. Referência: http://www.ancient-celts.com/druidcorpus.html

dias pelo pôr do sol na véspera, e os meses começavam na lua nova, com a lua cheia marcando o meio do mês. Outra fonte de conhecimento sobre como os antigos celtas calculavam seus calendários através de eventos celestes é o Calendário de Coligny, descoberto na França.

A Lua, em especial, tem grande importância para os druidas, como descrito por Plínio, o Velho:

> O visco, no entanto, é encontrado raramente sobre o carvalho; e quando encontrado, é recolhido com cerimônia religiosa, e deve, se possível, ser podado no sexto dia da Lua (pois é pela Lua que eles medem seus meses e anos, e também as suas idades de trinta anos). Eles escolhem esse dia porque a Lua, embora ainda não esteja no meio do seu curso, já tem influência considerável. Eles chamam o visco por um nome que significa em sua língua, "o cura-tudo".

A astrologia dos antigos druidas, apesar de carecer de evidências concretas, não foi muito diferente da astrologia professada por gregos, romanos e outros povos do Oriente Médio, pois havia forte influência cultural grega, tanto no mundo ocidental, quanto no oriental, durante o período que vai do início do Império Macedônio ao fim do Império Romano. Inclusive, é possível rastrear resquícios da astrologia grega[37] em locais tão longínquos como a Índia, por influência da conquista de Alexandre, o Grande.

A Lua desempenha um papel especial na astrologia celta e na magia moderna, pois é na esfera lunar (plano astral) que a magia acontece. Sendo assim, irei me concentrar sobre sua influência no âmbito mágico e místico. Devo ressaltar que não

---

37. A astrologia propagada pelos gregos e romanos tem origem, provavelmente, no Oriente Médio, talvez na antiga Suméria, por intervenção dos caldeus.

intento reconstruir a astrologia celta, pelo contrário, apresento a seguir os significados mais relevantes de astrologia lunar ocidental, aplicada em rituais mágicos.

A mais direta influência da Lua sobre nós e no que diz respeito aos rituais mágicos é sua fase. A Lua possui quatro fases facilmente reconhecidas, que são: nova, crescente, cheia e minguante. Além dessas fases, alguns ocultistas e magos levam em consideração uma quinta, conhecida como lua negra ou lua escura, quando não é possível ver a Lua no céu, provavelmente no último dia de lua minguante e no primeiro dia de lua nova.

Na magia popular, as fases da Lua são escolhidas para lançar encantamentos e magias para diversos propósitos, como podemos ver a seguir:

- Lua nova: em ritos e magias que exijam novidades, novos projetos, atração, iniciativas, renovação, força, criação, rejuvenescimento, limpeza e purificação.
- Lua crescente: fase ideal para fazer crescer a energia e que seja direcionada para a saúde, amor ou aspectos financeiros. Ideal para feitiços que visam ao aumento, à expansão e resultados duradouros.
- Lua cheia: influencia as fortes emoções, amplia a energia, podendo desencadear impulsos e ações impensadas. Possui forte poder de atração magnética e propícia à intuição, o romance e as ilusões.
- Lua minguante: representa o declínio e o fenecer, portanto, é uma fase propícia para afastar energias e doenças, assim como pôr um fim em algo e aproveitar para se voltar para si.
- Lua negra: alguns se abstêm de realizar magia nesta fase, por considerá-la nefasta, contudo, é uma fase propícia para encarar nossa própria sombra ou dispensar maldições.

Apesar das fases serem as principais fontes para a magia lunar, creio que os feitiços e magias realizados sob outros aspectos da Lua sejam mais eficazes, além de fazer com que o mago busque em outras fontes o melhor dia para realizar seu rito mágico. Lembre-se de que a magia começa antes do rito, ou seja, quando o druida ou mago pensa em fazer a magia, ela já está acontecendo. Procurar uma data para seus feitiços e magias já é, por si, um rito mágico. Procedimentos que requerem estudos e pesquisas possuem melhor desempenho, pois quando algo se torna muito simples normalmente não atinge as camadas mais profundas da psique e se torna banal.

Isto posto, darei a seguir uma lista das influências lunares nos signos do zodíaco e como podem ser utilizadas em magias paras diversos fins, mas antes, é preciso entender que a Lua permanece aproximadamente dois dias em cada signo e ao passar por um signo rege também partes e órgãos do corpo humano (esse conhecimento é muito importante e útil em ritos e magias de cura, por exemplo), assim como a estrutura de plantas, árvores e ervas. As fases da Lua, e também seus trânsitos pelos signos, podem ser encontradas facilmente na internet ou em almanaques astrológicos, vendidos em bancas de jornais, livrarias e lojas especializadas.

Lua nos signos e sua influência mágica:

Lua em Áries: a Lua em Áries rege a cabeça. É ideal em magias que exijam iniciativa, dinamismo, impulso, força, liderança, revigorar, energizar e dar início a um projeto. Também é propício para realizar atividades físicas e competições. É desfavorável para cirurgias na cabeça e magias que visam à durabilidade.

Lua em Touro: a Lua em Touro rege o pescoço e a garganta. Momento ideal para magias que envolvam questões financeiras, como fechar contratos, vendas, compras e atrair riquezas e prosperidade. Garante constância e estabilidade em todos os setores e na sensualidade. É desfavorável para cirurgias na região do pescoço e em feitiços que exijam pressa, pois é um signo lento.

Lua em Gêmeos: a Lua em Gêmeos rege os pulmões, os braços, as mãos e os dedos. É ideal em ritos e magias que estimulem o intelecto e a comunicação, assim como trocas e mudanças. Também é propício para amizades. Desfavorável para cirurgias nos pulmões e membros superiores, e em magias que exijam constância.

Lua em Câncer: a Lua em Câncer rege os seios e o estômago. Momento propício para rituais e magias que envolvam a família e a mãe, como a segurança do lar e assuntos particulares. É desfavorável fazer cirurgias no estômago e magias para relacionamentos amorosos, pois é uma fase muito emotiva, desencadeando a carência e a dependência.

Lua em Leão: a Lua quando passa pelo signo de Leão, rege o coração. Período ideal para magias e feitiços que visam ao despertar da criatividade, além de invocar sucesso e realização para qualquer empreendimento. Desfavorável para cirurgias no coração e na parte superior da coluna e em magias egocêntricas, pois é considerado um signo orgulhoso.

Lua em Virgem: em Virgem, a Lua rege o intestino e o sistema nervoso. É um momento para invocar as energias de limpeza e purificação, assim como do trabalho e ofícios. Também é propício para assuntos relacionados à saúde, como curar uma doença. Desfavorável para cirurgias no intestino e magias que visam a atrair a fertilidade.

Lua em Libra: a Lua no signo de Libra rege a parte inferior da coluna, a pele e os rins. Momento ideal para rituais que envolvam uniões e encontros sociais, românticos ou amorosos. Também é ideal para assuntos de justiça e obter favores de pessoas e parcerias. Desfavorável para cirurgias nos rins e em magias de separação, pois é um signo que visa à união.

Lua em Escorpião: em Escorpião a Lua rege os órgãos sexuais e reprodutores. Período favorável para magias e rituais sexuais, ataques psíquicos, revelar segredos e transformações profundas, além de ser propício para rituais que envolvam os mortos, como a necromancia e a finalização de uma situação desagradável. Desfavorável para cirurgias nos órgãos sexuais e magias que visam à fidelidade e à durabilidade.

Lua em Sagitário: a Lua em Sagitário rege as coxas e o fígado. Momento favorável para estudos, viagens, movimentos, descobertas e aspectos religiosos. É também muito propício para qualquer empreendimento que exija otimismo e inspiração. Desfavorável para cirurgias na parte superior das pernas e no fígado e em magias que visam a algo estável, por ser um signo muito dinâmico.

Lua em Capricórnio: em Capricórnio rege os joelhos e os ossos. É a Lua favorável para questões que envolvam tudo o que está relacionado ao trabalho e à responsabilidade, assim como atingir objetivos e promoções. Propício para magias que exijam disciplina, persistência e durabilidade. Desfavorável para cirurgia nos joelhos ou nos ossos e em magias amorosas, pois é considerado um signo insensível.

Lua em Aquário: rege as pernas, os calcanhares e o sistema circulatório. Período ideal para magias e feitiços que visam à inovação e à liberdade, como se libertar de um vício ou de um relacionamento sufocante. Também é propício para fazer novas amizades e afastar o preconceito. É desfavorável para cirurgias nos membros inferiores e magias que exijam foco, pois é considerado um signo excêntrico.

LUA EM PEIXES: a Lua em Peixes rege a glândula pineal e os pés. Período ideal para magias e ritos que visam à meditação, à calma e a tudo que se relacione à imaginação, aos sonhos e às fantasias. Também é propício para magias que visam a criar ilusões. Desfavorável para cirurgias nos pés e em magias que pretendam resultados concretos e reais.

Perceba que não é favorável realizar cirurgias em partes do corpo ou em órgãos em que a Lua passa pelo signo regente, pois, acredita-se que há, nesses dias, uma grande concentração de energia nos órgãos regidos, o que levaria a complicações em intervenções cirúrgicas. Porém, para tratamentos não cirúrgicos, como fitoterapia, os momentos ideais são justamente aqueles em que a Lua transita pelo signo regente do órgão, por exemplo, um tratamento terapêutico no coração é propício quando a Lua estiver no signo de Leão, já a cirurgia, nesse caso, não é recomendada.

Com essas informações, é possível escolher a melhor data para realizar seus feitiços e magias. Por exemplo, digamos que você queira realizar uma magia para o amor, ou seja, quer atrair as energias de um novo amor para sua vida. Dessa forma, você irá realizar a magia na lua nova, pois quer atrair algo novo. A Lua em Libra é propícia para uniões e parcerias, já a Lua em Touro garantiria uma união estável e sensual. Tudo isso, somado, por exemplo, ao *fid Edad*, que invoca a energia de união e fidelidade, garante um completo ritual de magia.

O que aqui foi exposto é somente algumas dentre tantas formas de utilizar a astrologia para fins mágicos. Além das fases e aspectos lunares, há as horas planetárias, a magia astrológica, a astrologia eletiva e muitas outras que não caberia nos propósitos deste livro. No entanto, devo ressaltar que isso não deve ser levado como uma obsessão. Conheço magos que tornaram a busca pelo dia adequado uma verdadeira saga e tudo que conseguiram foi frustração e perda de tempo.

Símbolos celtas

Os símbolos celtas, apesar de facilmente reconhecidos em artefatos arqueológicos e obras de arte, são de difícil interpretação, pois os celtas não nos deixaram registros de seus costumes, religião ou simbologia. O que possuímos são relatos de conquistadores romanos e, posteriormente, de celtas cristianizados, que mantinham uma visão limitada das crenças e dos costumes antigos.

Esses símbolos demonstraram, em experiências pessoais, grande eficiência como talismãs e amuletos, quando associados às letras ogâmicas.

Segue uma pequena e restrita lista de alguns dos principais símbolos encontrados em terras celtas e uma possível interpretação baseada na tradição oral e em padrões universais.

Cabeça

A cabeça é um dos símbolos mais presentes na arte e cultura celtas, da antiga Gália à Irlanda medieval. Especula-se que houve um possível culto à cabeça entre os celtas. Acredito que a cabeça em si não foi objeto de culto, mas um forte símbolo presente nos mitos e lendas.

Os celtas tinham o costume de cortar as cabeças dos inimigos mortos em batalha e trazê-las consigo, como troféus, onde eram suspensas em postes na entrada da tribo ou de templos, como guardiões do limiar entre os mundos.

A cabeça era o receptáculo da alma, portanto, cortar a cabeça dos inimigos e trazê-las consigo não era um ato selvagem que visava a colecionar troféus de guerra, mas representava o poder que o guerreiro exercia sobre seus inimigos, mantendo cativas as almas e a valentia de seus rivais.

Na mitologia galesa, a cabeça do Deus gigante Bran, o abençoado, foi decepada após ele ser mortalmente ferido. A cabeça manteve-se viva por sete anos até que foi enterrada em Londres para proteger a ilha da Grã-Bretanha de futuros inimigos.

Na mitologia irlandesa, o Deus Dian Cecht tenta matar seu filho Miach de diversas formas, mas Miach se cura a cada investida de seu pai, até que sua cabeça é decepada e, segundo o mito, somente dessa forma é possível matar um homem, sem que ele volte à vida.

Sendo assim, creio que a cabeça representa a alma, a energia vital de alguém ou dos deuses e serviu como símbolo de proteção e vitória, além de representar um aviso para que os inimigos se mantenham a distância.

Espirais e Labirintos

As espirais aparecem com certa frequência na arte celta La Tène, inclusive, são encontradas também em monumentos megalíticos pré-célticos. Um dos melhores exemplos é o monumento funerário Newgrange na Irlanda. Acredita-se que as espirais triplas deram origem ao *triskele*, um padrão tríplice na arte celta medieval. Além das espirais triplas, também são comuns as espirais duplas e os labirintos.

Não se sabe exatamente qual o significado simbólico das espirais celtas, há diversas interpretações, umas mais convincentes que outras, mas tudo indica que as espirais simbolizam movimento e criação, talvez uma representação do universo cíclico, como o ciclo das estações e o ciclo da vida, morte e renascimento.

Na Idade Média, a espiral tripla e o *triskele* foram utilizados por monges para representar a trindade cristã ou como ornamentação em manuscritos eclesiásticos. Hoje, muitos Pagãos, Wiccanianos e Bruxos veem nas espirais o símbolo da Deusa tríplice e do nascimento.

A espiral e o labirinto, de um modo geral, representa o Universo, o Mundo dos Vivos e o Outro Mundo, morada dos deuses e dos ancestrais. Simboliza também o nascimento, o caminho da vida, o indício de um novo ciclo e boas energias.

Caldeirão

O caldeirão é um símbolo frequentemente associado às Bruxas, onde preparavam suas poções mágicas. Para os antigos celtas, o caldeirão era um símbolo de abundância e sacrifícios.

Imagina-se uma época em que a vida era muito difícil, cheia de privações, fomes e guerras, e o caldeirão cheio de alimento passou a ser sinônimo de vida e fartura, pois garantiria a nutrição e o sustento da tribo. Dessa forma, o caldeirão representa não somente a abundância, mas também a conexão com os deuses, representada pelo sacrifício. O sacrifício era feito para assegurar a fertilidade da terra e a garantia da colheita.

Há diversos exemplos de caldeirões mágicos na mitologia celta, como o caldeirão de abundância do Deus Dagda e o caldeirão que reconstitui a vida do Deus galês Bran, o abençoado.

As lendas desses caldeirões surgem do vaso sacrifical celta, onde eram depositados, ritualisticamente, os sacrifícios aos deuses. Portanto, o caldeirão passou a ser também um símbolo do Submundo, o reino dos deuses e ancestrais.

Um exemplo de caldeirão mágico na mitologia celta, que foge da simbologia de abundância e fartura, é o da Deusa-Bruxa Cerridwen, semelhante ao das Bruxas europeias, que concedia conhecimento e poderes mágicos.

Do caldeirão sacrifical druídico, surgiu o Santo Graal, o cálice que, segundo as lendas medievais, recebeu o sangue de Cristo sacrificado e que, assim como seus antecessores celtas, concedia abundância de alimentos e êxtase espiritual.

Alguns Bruxos e Wiccanianos interpretam o caldeirão como símbolo do útero da Deusa que concede vida.

Cruz Celta e Roda Solar

A roda solar é um símbolo muito popular entre diversas civilizações antigas. Consiste em uma cruz de braços iguais dentro de um círculo e simboliza, como o nome sugere, as energias benéficas do Sol.

Para os antigos celtas a roda solar representava o carro puxado por cavalos que conduzia o Sol pela abóbada celeste. No continente a roda também estava associada ao Deus dos raios e trovões Taranis, identificado com o Deus do céu romano, Júpiter. A roda de Taranis talvez tenha origem no barulho que as rodas faziam, semelhante ao barulho do trovão.

As famosas cruzes celtas, populares na Irlanda e Ilhas Britânicas, surgiram na Idade Média entre comunidades cristãs. Acredita-se que elas sejam herdeiras das rodas solares por sua semelhança e simbologia. A diferença entre a cruz celta e a roda solar é que a haste vertical da cruz celta cristã é maior, entretanto, foram encontradas diversas cruzes celtas de braços iguais, inclusive em monumentos ogâmicos.

Ambos os símbolos sinalizam os poderes benéficos do Sol que vence as trevas e o frio e assegura fertilidade, prosperidade, alegria, força e jovialidade. A cruz celta representa também, obviamente, a vitória de Cristo sobre a morte e seu sacrifício como forma de remissão dos pecados.

Torque

O torque é um colar de metal feito em uma única peça retorcida e aberta na frente. Esse colar foi popular entre os povos celtas continentais e insulares e simboliza algum tipo de status social.

É comum encontrar na rara iconografia celta, imagens de deuses e guerreiros portando torques. Um exemplo famoso é a imagem do Deus Cernunnos no Caldeirão de Gundestrup, na qual além de carregar um torque no pescoço, o Deus segura mais um na mão. Essa imagem simboliza a prosperidade e o poder concedido por Cernunnos aos seus devotos. Além de Cernunnos, no mesmo caldeirão, encontramos diversos deuses e deusas com torques no pescoço, evidenciando o status divino das imagens.

Os romanos mencionam que a rainha Boudica possuía um excelente torque de ouro, algo bem notável.

Na mitologia irlandesa diz que, Elatha, um rei fomoriano, possuía cinco torques de ouro. Esse grande rei, pai do Dagda, Ogma e Bres pode ter sido um antigo Deus-Titã ligado aos terríveis poderes do Sol e do Céu.

Acredita-se que os torques serviram como oferendas votivas devido a achados arqueológicos em lagos e túmulos, além de torques deveras pesados para serem utilizados no dia a dia. Sabe-se que Veleda, a profetisa celta dos Brúcteros germânicos, recebia torques como espólios de guerra, para fins religiosos e ritualísticos.

O torque simboliza o status social, a realeza, a divindade e também o reconhecimento da desenvoltura dos guerreiros e heróis. Portanto, pode ser utilizado como símbolo de poder, prosperidade, reconhecimento, triunfo e sucesso.

Simbolismo animal

Segue uma pequena lista de animais que aparecem com mais frequência na arte e nos mitos dos povos celtas, além de seus significados simbólicos e mágicos.

Estes símbolos animais, assim como os símbolos celtas anteriormente descritos, somados às letras ogâmicas, podem ser utilizados como talismãs e amuletos para diversos fins.

Touro e Gado

O touro selvagem e o boi doméstico eram animais utilizados com frequência em sacrifícios religiosos. O gado é um antigo símbolo de prosperidade e vigor físico, a riqueza de uma pessoa era medida pela quantidade do gado que possuía.

O roubo do gado era um costume celta, que representava o roubo não apenas do animal, mas da soberania e do poder de seu possuidor.

Javali

O javali é uma figura frequente na arte celta e tem significado duplo. Era encarado como a representação da guerra, devido a seu comportamento feroz e selvagem e, também, como símbolo de prosperidade e abundância, uma vez que sua carne era extremamente apreciada pelos celtas. Há diversas lendas que mencionam banquetes em que o prato principal era o javali assado que, mesmo depois de consumido, sua carne nunca se esgotava.

Salmão

Nos mitos celtas galeses e irlandeses o salmão é considerado a criatura mais antiga da Terra, símbolo de ancestralidade, longevidade, conhecimento e imortalidade. Por vezes, nos mitos, o salmão era descrito como um humano que se metamorfoseou para sobreviver por eras.

Sinônimo de sabedoria, o salmão, que vivia no Poço de Segais, alimentava-se das avelãs mágicas que concediam sabedoria e o dom da profecia.

Cavalo

O cavalo desempenhou um importante papel na vida cotidiana celta. Era especialmente apreciado pelos guerreiros, por sua capacidade de puxar os carros de batalha, além de sua força, velocidade e coragem. Na Gália, os cavalos eram considerados símbolos solares, pois, acreditava-se que a carruagem do sol era puxada por esses animais, um tema comum em mitos indo-europeus.

Talvez o cavalo seja mais conhecido pela sua associação com a Deusa da Soberania da Terra, um símbolo de realeza, maternidade e forças ctônicas.

Serpente

Normalmente as serpentes eram símbolos benéficos e representavam, assim como para gregos, romanos e diversos outros povos do Oriente Médio, a boa saúde, a cura e a renovação, devido a sua capacidade em trocar de pele. Diversos deuses e deusas galo-romanos, da cura e da boa saúde, são acompanhados por serpentes.

Além de símbolo de cura, é possível que a serpente represente, também, os poderes do Submundo e da fertilidade.

Cão

O cão era visto como um símbolo de caça e companheirismo, assim como um guia para o mundo dos mortos. Como Cérbero, o cão de três cabeças que guarda o mundo dos mortos na mitologia grega, os cães míticos celtas também eram considerados guardiões do Submundo. Há diversos mitos e lendas que falam de deuses do Submundo e da morte, que caçam as almas errantes, acompanhados de seus terríveis cães.

Corvo

O corvo foi associado à Deusa da morte e da guerra, e é considerado o mensageiro do Submundo, atuando como símbolo da morte, do medo e da desgraça, além de pressagiar acontecimentos terríveis. Apesar de sua associação evidente com a morte e com os campos de batalha, o corvo, aparentemente, está ligado também aos deuses do céu e da luz, prenunciando vitória e sucesso.

Veado

O veado foi considerado um animal místico do Outro Mundo, símbolo da vida selvagem, da realeza, fertilidade, masculinidade e da floresta. Suas galhadas, semelhantes aos galhos das árvores, simbolizam os mistérios e magias do mundo natural. O veado também está ligado à caça, abundância, virilidade e aos aspectos férteis da natureza.

Garça

A garça é uma ave mágica e misteriosa, pois vive nos três reinos, ou seja, na terra, no ar e na água. Na Irlanda, consumir carne de garça é um tabu. A postura da garça em se manter em pé sobre apenas uma pata, remete à posição mágica que alguns druidas e feiticeiros assumiam ao lançar feitiços e maldições. É uma ave relacionada à magia e ao misticismo.

Simbolismo das cores

As cores desempenharam um papel importante na cosmologia celta. No texto medieval irlandês, *Saltair na Rann*,[38] datado aproximadamente do século 12, é dito que os ventos foram divididos por direções e a cada um deles é atribuída uma cor, que pode ter conotações positivas ou negativas. O *Senchas Mór*, um conjunto de textos sobre antigas leis irlandesas, talvez do século 8, também descreve a divisão dos ventos com suas respectivas cores, parafraseando o mito da criação cristã:

> Ele também formou os oito ventos, ou seja, quatro ventos principais e quatro ventos subordinados; e quatro outros

38. O saltério das quadras.

ventos subordinados são mencionados, de modo que há doze ventos em conformidade.

Ele também formou as cores dos ventos, de modo que as cores de todos esses ventos são diferentes uns dos outros, ou seja, branco e púrpura; cinza pálido e verde; amarelo e vermelho; preto e cinza; o salpicado e o escuro; o marrom escuro; e os pálidos. Do Leste sopra o vento púrpura, do Sul o branco, do Norte o preto, do Oeste o pálido. O vermelho e o amarelo estão entre o vento branco e o púrpura; o verde e o cinza pálido estão entre o pálido e o branco puro; o cinza e o marrom escuro estão entre o pálido e o preto-jorrado; o escuro e o salpicado estão entre o preto e o púrpura. E assim há dois ventos subordinados entre cada vento principal.[39]

Percebemos que ao vento norte, local tradicionalmente associado às batalhas e ao inverno, foi atribuída a cor preta, assim, o preto e as cores escuras representam as dificuldades do inverno e do frio. Em oposição, no Sul, a cor associada é o branco, local onde sopra o vento quente na costa da Irlanda, consequentemente, representa o prenúncio da primavera, da fertilidade e da felicidade.

Dessa forma, podemos distribuir as cores em um círculo:

39. Referência: https://archive.org/details/ancientlaws01hancuoft

As cores que estão na parte inferior, ou seja, púrpura, amarelo, vermelho, branco, cinza pálido (ou azul) e verde, representam as energias do crescimento, da vida, da expansão, da abundância e da fertilidade.

As cores que estão na parte superior, ou seja, pálido, cinza, marrom escuro, preto, salpicado e escuro, representam as energias do declínio, da morte, do fim, da limitação, da introspecção e da sabedoria.

Aparentemente as cores são divididas em boas e más, mas não vejo dessa forma. Compreendo que as cores claras estão em ascensão e as cores escuras, em declínio, ou seja, as cores claras são ideais para magias que visam a atrair algo, enquanto as cores escuras, a afastar.

As cores visualizadas em um trabalho mágico criam um molde no plano astral, em que a energia vibrada é materializada e é dessa forma que o simbolismo das cores atua na magia.[40] Portanto, não basta utilizar as cores deliberadamente em um ritual, mas sim visualizá-las e empregá-las para um determinado fim.

Observação: Independentemente dos significados das cores anteriormente explicados, se você for fazer uma magia com um *fid* específico, utilize sempre a cor que lhe foi atribuída tradicionalmente, ou seja, ao visualizar ou criar um talismã de apenas um *fid*, a melhor cor será sempre aquela que foi atribuída a ele nos textos medievais[41].

---

40. Regardie, Israel. *O Poder da Magia.*

41. Algumas cores atribuídas às letras podem nos parecer estranhas como Cor Nobre, Cor de Rato ou Terrível. Não há certo ou errado, na dúvida, use sua intuição.

Ogham		Nome da Letra	Cor
ᚔ	I	Idad	Muito branco
ᚓ	E	Edad	Vermelho
ᚒ	U	Úr	Resinoso
ᚑ	O	Onn	Marrom acinzentado
ᚐ	A	Ailm	Malhado
ᚏ	R	Ruis	Castanho avermelhado
ᚎ	Ss/Z	Straif	Brilhante
ᚍ	nG	nGétal	Verde
ᚌ	G	Gort	Azul
ᚋ	M	Muin	Multicor
ᚊ	Q	Quert	Cor de rato
ᚉ	C	Coll	Castanho
ᚈ	T	Tinne	Cinza escuro
ᚇ	D	Duir	Preto
ᚆ	H	hÚath	Terrível
ᚅ	N	Nion	Cor clara
ᚄ	S	Saille	Cor nobre
ᚃ	F/V	Fearn	Vermelho
ᚂ	L	Luis	Cinza
ᚁ	B	Beith	Branco

Magia do som

Há nos registros clássicos referências a sacerdotes celtas conhecidos como *gutuatri*. Não se sabe ao certo qual era a função de tais sacerdotes, mas, acredita-se, que eles foram uma subdivisão dos druidas, ao lado dos bardos e vates.

A palavra *gutuatri* significa "aqueles que invocam" ou "os que conclamam" e pode ser comparado com a função que os levitas tinham com os sacerdotes do antigo culto judaico[42], atuando como ajudantes dos sacerdotes e como cantores, responsáveis pela manutenção do templo e invocação dos deuses. A presença dos *gutuatri* nos registros clássicos, descritos como sacerdotes, demonstra o quanto o som foi importante nos rituais druídicos.

Mas a função de cantores e músicos na antiga religião celta está associada, por excelência, à figura do Bardo, atestado na literatura clássica, bem como nos contos irlandeses. Os antigos bardos eram responsáveis por manter a tradição celta viva, pois eram encarregados de contar, de forma poética e musicalizada, os mitos, lendas e feitos heroicos dos deuses e ancestrais. Após a cristianização da Irlanda, com o fim do druidismo, coube aos bardos, em parceria com os *fili* (ou *filid*, poetas instruídos) preservarem a tradição e a magia dos antigos celtas, através da música e da poesia.

O instrumento musical do bardo, e um dos mais apreciados pelos antigos celtas, foi a harpa. Há uma teoria, proposta por Sean O'Boyle, na qual, supostamente, o Ogham foi utilizado como guia para manipular a harpa, associando os *feda* às cordas. Apesar de carecer de evidências, devo reconhecer que é, no

42. MacCulloch. J. A. *The Religion of the Ancient Celts.*

mínimo, interessante tal teoria. Nos contos, é dito que a harpa tinha um som mágico, capaz de causar um sono encantado aos ouvintes, e a harpa do Deus Dagda tinha a capacidade de mudar as estações. A música das fadas é outro elemento frequente na mitologia e no folclore irlandês, dizia-se que, quem ouvisse tal som maravilhoso, cairia em um sono pesado e, ao acordar, descobriria que muitos anos se passaram.

O poder da sátira, ou da maldição rimada, era levado em grande consideração pelos celtas, pois a reputação de um nobre ou guerreiro poderia ser destruída por uma sátira entoada por um *fili* ou druida. Mas se a sátira fosse injusta, acreditava-se que o rosto do satirista se cobriria de manchas como castigo.

É de conhecimento que a poesia e o canto eram elementos importantes na magia dos antigos celtas, tanto para abençoar, quanto para amaldiçoar. *Rosc* é uma palavra em irlandês antigo que se refere a um canto mágico ou um canto rimado, repleto de trocadilhos, metáforas e palavras mágicas de difícil compreensão, recitado por druidas e magos, com poderes mágicos incríveis, como comprovado na mitologia.

Um dos melhores exemplos de encantamentos mágicos na mitologia irlandesa é a Canção de Amergin. O *Livro das Invasões da Irlanda* conta que os humanos, milesianos, pretendiam colonizar a Irlanda, até então habitada pelos deuses, os Tuatha Dé Danann, mas houve resistência por parte dos deuses. As três deusas da soberania da terra, Banba, Ériu e Fódla, permitiram que Amergin e seu povo se estabelecessem na Irlanda, desde que seus nomes fossem dados à terra. Contudo, os três reis dos Tuatha Dé Danann, Mac Cuill, Mac Cecht e Mac Gréine, esposos das deusas da soberania, se mostraram hostis aos milesianos, e foram estabelecidas regras para a batalha. Foi acordado que o povo de Amergin deveria se afastar da costa da Irlanda por três dias, além da nona onda,[43] e depois, seria autorizado sua volta. Mas os druidas dos deuses se aproveitaram da situação e invocaram uma terrível tempestade mágica, para mantê-los longe da costa. Dessa forma, Amergin recita um canto mágico, invocando a soberania da terra da Irlanda, um poder superior aos dos próprios deuses:

> Sou o vento sobre o mar,
> Sou uma onda do oceano,
> Sou o rugido do mar,
> Sou um touro de sete lutas,
> Sou um abutre em um penhasco,
> Sou uma gota de orvalho,
> Sou a mais justa das flores,
> Sou um javali em ousadia,
> Sou um salmão em um poço,
> Sou um lago em uma planície,
> Sou uma montanha em um homem,
> Sou uma palavra de habilidade,
> Sou a ponta de uma arma (que avança em combate),
> Sou o Deus que concede o fogo sobre a cabeça.
> Quem alisa a robustez de uma montanha?
> Quem é aquele que anuncia as idades da Lua?
> E qual é o lugar onde cairá o pôr do sol?
> Quem chama o gado da Casa de Tethys?
> E a quem o gado de Tethys sorri?
> Quem é o bando,
> Qual Deus que deu forma à fortaleza?
> Encantamentos sobre uma lança? Encantamentos do vento?

43. Limite entre os mundos.

Mas não só os druidas irlandeses faziam uso de encantamentos mágicos. Tácito, ao comentar a invasão romana na Ilha de Mona,[44] no ano 61 E.C. descreve como os encantamentos e maldições druídicos funcionavam sobre seus inimigos:

> Ao redor, os druidas, erguendo as mãos ao céu e despejando imprecações terríveis, assustaram nossos soldados pela visão desconhecida, de modo que, como se seus membros estivessem paralisados, ficaram imóveis e expostos a feridas.

A importância dos cantos e orações mágicas entre os antigos celtas é comprovada pela sobrevivência, nos tempos modernos, de diversas fórmulas que carregam elementos pré-cristãos, em que antigos deuses são substituídos por santos e elementos da tradição cristã. Um exemplo são os hinos, encantamentos e orações escoceses reunidos por Alexander Carmichael, em sua famosa obra *Carmina Gadelica*, como podemos ver a seguir:

> Salve, ó Sol das estações,
> Tu que atravessas os céus no alto;
> Os teus passos são fortes nas asas dos céus,
> Tu és a gloriosa mãe das estrelas.
> Tu desces no oceano destrutivo
> Sem prejuízo e sem medo;
> Levanta-te na pacífica crista das ondas
> Como uma jovem rainha em flor.[45]

Perceba os elementos fortemente influenciados por símbolos pré-cristãos nos versos da oração. O Sol é exaltado como um elemento divino, descrito como mãe e rainha, pois a palavra para

---

44. Antigo centro druídico. Atual Anglesey, Inglaterra.
45. Alexander Carmichael. *Carmina Gadelica* vol. III p. 311.

Sol em gaélico irlandês e escocês, *Grian*, é feminina. Essa prece talvez seja um vestígio de um antigo culto ao Sol, comprovado por inscrições romanas na Gália, onde o Deus (masculino) Apollo Grannus foi adorado.

Outro exemplo é o canto tradicional *kenning*[46], comum na Irlanda e Escócia. O *kenning* é um lamento, tradicionalmente entoado por mulheres ao velar um defunto, e, acredita-se, possui elementos mágicos que auxiliariam a alma do morto em sua passagem para o Outro Mundo. Esse canto é descrito como uma mistura de gritos e chiados, acompanhados de encenações dramáticas e recitações poéticas, em que o falecido era louvado por seus feitos. A lenda conta que a Deusa Brigit foi a primeira a entoar o *kenning*, lamentando a morte de seu filho, na Batalha de Moytura. Hoje, o *kenning* deixou de ser entoado exclusivamente em funerais e há grupos de homens e mulheres que se reúnem para expor suas próprias lamentações.

Assim, podemos afirmar, sem sombra de dúvidas, que o maior instrumento mágico de um druida é sua voz e a forma como conduz um encantamento. O poder dos feitiços estava nas fórmulas entoadas, na qual os nomes dos deuses e dos espíritos invocados atuavam como fatores mágicos, que potencializavam o encantamento.

Prática:

Há diversas possibilidades ao se trabalhar com a magia do som, como criar poemas inspirados ou canções, acompanhados de instrumentos musicais, como a tradicional harpa celta.

---

46. De *caoineadh*, choro.

Acredita-se que os druidas e celtas entoavam sons guturais, ou seja, sons roucos, profundos ou graves, como bem descrito por Diodoro Sículo em seu Livro V[47]:

> Os gauleses têm um aspecto assustador, e as suas vozes são profundas e completamente ásperas; quando se reúnem conversam com poucas palavras e em enigmas, insinuando sombriamente as coisas em sua maior parte e usando uma palavra quando representa outra; e gostam de falar em superlativos, para que eles possam se exaltar e depreciar todos os outros homens. Eles também são jactanciosos, ameaçadores e gostam de linguagem pomposa, e ainda têm inteligência aguda e não são sem inteligência em aprender.

Para Israel Regardie, em seu livro *O Poder da Magia*, a entonação profunda é o tom ideal para despertar do interior as forças mágicas mais sutis. Assim, uma das formas mais fáceis e eficientes para executar a magia do som, somada ao conhecimento ogâmico, é entoar os nomes das letras como mantras guturais.

Para entoar o som mágico, concentre-se e faça o exercício da Árvore do Mundo para se conectar com seu centro cósmico.

Acenda uma vela da cor do seu pedido para que sua mente mantenha o foco enquanto o mantra é recitado.

Escolha o *fid* que será entoado. Por exemplo, se deseja invocar a energia da prosperidade, você pode entoar o som dos *feda Luis* (prosperidade e iluminação) e *Gort* (crescimento e abundância).

Agora entoe o cântico puxando o ar para o diafragma e aumentando o tom de voz, emitindo o som do fundo da garganta.

---

47. Referência: http://penelope.uchicago.edu/Thayer/E/Roman/Texts/Diodorus_Siculus/5B*.html

Entoe pausadamente e de forma profunda, enquanto mentaliza a forma dos *feda*, finalizando com o nome da letra, como se segue:

LUUUU SSHH – *Lush*

GÓÓÓ RRR TT – *Gort*

Entoe o mantra quantas vezes achar necessário. O som servirá como um canal para que a sua energia psíquica se conecte com seu real desejo e o torne realidade.

Outro exemplo de magia do som é criar ou adaptar um poema rimado com significados místicos que deverá ser recitado com certo ritmo. Solte sua criatividade, lembre-se, não há regras quando seu espírito está repleto de inspiração. Segue um exemplo de uma adaptação da Canção de Amergin:

Sou a brisa sobre o mar, (*Beith*)
Sou uma vaga no âmago do mar, (*Luis*)
Sou o fragor da vaga a espumar, (*Fearn*)
Sou o cervo de sete galhadas, (*Saille*)
Sou a águia na rocha escarpada, (*Nion*)
Sou o olho do sol brioso, (*hÚath*)
Sou o bosque glorioso, (*Duir*)
Sou o javali furioso, (*Tinne*)
Sou o salmão sapiente, (*Coll*)
Sou a água fluente, (*Quert*)
Sou o erudito eloquente, (*Muin*)
Sou a longa lança certeira, (*Gort*)
Sou a divina inspiração lumeeira, (*nGétal*)
Quem traz a inspiração ardente no topo da colina? (*Straif*)
Quem conhece o lugar onde o sol se esconde entre a neblina? (*Ruis*)
Quem sabe os mistérios das eras lunares? (*Ailm*)

Quem sabe os lugares dos descansos solares? (*Onn*)
Quem clama para que o rebanho volte para sua morada? (*Úr*)
Quem é o Deus que deu a vida, a vitória e a brisa abençoada? (*Edad*)
Quem é que tem a sabedoria druídica? (*Idad*)
Sou eu que detenho a sabedoria adormecida.[48] (*Forfeda*)

Varinha druídica

A varinha ou bastão mágico é um dos principais instrumentos dos druidas. Não que um druida necessitasse essencialmente de um instrumento para realizar seus encantamentos, mas é frequente a menção do uso de varinhas mágicas nos mitos e lendas celtas.

Um exemplo é a história de Donn Ua Duibne, um javali mítico que matou o herói Diarmait, seu meio-irmão. Donn Ua era fruto de um relacionamento extraconjugal de sua mãe com um pastor. Quando o pai de Diarmait descobriu que sua esposa deu à luz um filho de outro homem, matou a criança como vingança. Entretanto, o pastor, pai de Donn Ua, possuía conhecimentos mágicos e, com o auxílio de uma varinha de aveleira, devolveu a vida ao menino sob a forma de um javali.

Outra história diz que a feiticeira Fuamnach, por ciúmes de Midir, seu esposo, transformou Étáin, a amada de Midir, em um inseto, com a ajuda de uma varinha mágica de sorveira-brava.

Na mitologia galesa, Math fab Mathonwy pede a seus sobrinhos que recomendem uma donzela que lhe servirá de apoio para os pés. Gwydion recomenda sua irmã, a donzela

48. Tradução e adaptação de Osvaldo R Feres.

Arianrhod, que ao pisar sobre a varinha mágica de Math, para provar sua virgindade, dá, imediatamente, à luz Dylan, o Deus dos mares e, posteriormente, Lleu Llaw Gyffes, o Deus da luz. Aqui, é perceptível a conotação sexual e fálica que a varinha mágica possui.

Varinhas de teixo, com inscrições ogâmicas, também foram utilizadas para fins oraculares por druidas irlandeses, o que evidencia o uso do Ogham como oráculo.

Como vimos, a varinha mágica foi utilizada para diversos fins, em encantamentos de transformação e ilusão, como fator de criação e regeneração e em ritos divinatórios.

Possivelmente, as varinhas dos druidas representavam a magia e os mistérios da floresta, um pequeno fragmento do mundo encantado, que nos remete ao fascínio que os antigos tinham pelas árvores e seus segredos, repletos de espíritos e ilusões.

Hoje, a varinha ainda é considerada um verdadeiro instrumento druídico, por vezes é descrita como um símbolo fálico, uma representação da energia de criação e crescimento, associada ao elemento Fogo e ao poder que o druida exerce sobre a magia e os encantamentos.

Prática:

Para fazer uma varinha druídica será necessário um galho medindo aproximadamente o tamanho que vai da ponta do seu dedo médio ao seu pulso ou o tamanho máximo que vai do seu dedo médio ao cotovelo. Esse galho pode ser recolhido na natureza ou cortado diretamente da árvore.

As tradicionais madeiras para confeccionar uma vara druídica são teixo, aveleira ou sorveira-brava, mas isso dependerá de sua intenção, ou seja, se você quer invocar a energia simbólica da justiça e da força, o carvalho é o mais indicado. No entanto, se sua intenção é invocar sabedoria e conhecimento, a aveleira seria a mais adequada. Ainda assim, qualquer galho pode ser utilizado, não se preocupe se não encontrar a madeira da árvore adequada para confeccionar sua varinha, pois ela será carregada com as energias simbólicas do Ogham.

Para cortar um galho, recomendo que seja durante a lua minguante, pois, nesse período, a seiva da árvore está concentrada em suas raízes, facilitando, posteriormente, que sua varinha seque. Não se sinta limitado, você pode escolher uma data de acordo com a fase lunar mais adequada. Lembre-se, sua intuição lhe dirá qual o melhor dia para a colheita de sua varinha.

Através de antigas lendas, acredita-se que objetos de ferro afugentam e ofendam os espíritos da natureza e as fadas. Sendo assim, alguns druidas preferem cortar o galho com objetos de pedra ou outro metal. Acredito que não há problemas em cortar galhos com objetos de ferro, desde que seja feito com respeito e honra. É costume, também, ofertar um pequeno presente aos espíritos da natureza ao colher sua varinha, pode ser um objeto pessoal, alguns grãos, leite, mel ou mesmo um poema feito por você, use sua criatividade, conecte-se com a natureza e agradeça aos deuses.

Após escolher sua vara e cortá-la do tamanho adequado, é preciso que a casca seja retirada completamente para que ela possa secar e receber os símbolos que serão gravados.

Depois de seca e esculpida, para que a ponta fique arredondada, sua varinha estará pronta para receber as letras ogâmicas[49]. Tradicionalmente, gravam-se as 20 letras ao longo da vara,

49. Costumo iniciar todas as inscrições Ogham com o caractere *eite* (pena) > como no Ogham manuscrito, encontrado em textos medievais irlandeses.

invocando as energias de todo o Ogham, ou seja, a cada letra gravada ou pintada, o druida ou mago mentaliza as energias dos *feda*, carregando sua vara de energia.

Também é possível gravar letras específicas para uma finalidade, por exemplo, as energias do amor, harmonia e paz podem ser invocadas para sua varinha mágica ao combinar algumas letras, como *Nion, Coll* e *Muin*.

Outra forma de carregar sua varinha com as energias adequadas é gravar uma palavra em irlandês antigo ou moderno, ou mesmo em outra língua celta como o galês ou o escocês,[50] que invocará a energia solicitada para a ocasião. Um exemplo é a palavra *slán*, que significa saudável/favorável, impregnando, desta forma, sua vara com as energias da cura e da saúde.

É possível, também, gravar os nomes das divindades de sua devoção, como Dagda, Ogma ou Brigit, além de símbolos celtas, descritos anteriormente. Não se esqueça de sempre invocar e solicitar as bênçãos dos imortais para sua ferramenta mágica.

Após todo o processo de entalhar ou pintar as letras na varinha, é preciso impermeabilizá-la com cera de abelha ou carnaúba, para que ela tenha maior durabilidade e um bom acabamento.

A varinha está pronta, contudo, é preciso consagrá-la. Como os talismãs e amuletos, a varinha mágica não tem poder se não for consagrada e imbuída de energia. Isso não significa que os materiais e os símbolos que foram empregados não tenham energias próprias, mas quando consagrada, a varinha se transforma em um condutor de força mágica. O ritual de consagração,

---

50. Lembre-se, o Ogham foi criado para registrar a antiga língua irlandesa. As línguas celtas carregam toda a ancestralidade desse povo. Dessa forma, palavras de origem celta surtem mais efeito. Não se sinta limitado, caso ache adequado, utilize palavras da sua língua nativa.

encontrado no capítulo 4, é, também, de grande importância para a conexão do druida com seu instrumento mágico.

A varinha druídica pode ser utilizada de diversas formas, a mais comum é direcionar energia, como uma extensão do braço. Outra forma é desenhar símbolos e letras ogâmicas no ar, invocando ou banindo energias.

Círculo de proteção

Sabe-se que muitos magos fizeram uso do círculo mágico ao longo da história. A primeira menção ao círculo mágico aparece em tabuletas cuneiformes da antiga Mesopotâmia, onde um círculo era delineado com farinha de trigo com a finalidade de purificar e proteger o mago de influências e espíritos malignos. Durante o período medieval, sob influência da cabala, o círculo mágico se tornou um elemento fundamental nos ritos mágicos, assegurando que o mago não seria atacado ou possuído por demônios.

Mas o círculo não serve apenas para proteção, é, também, a representação simbólica do universo, onde o mago atua como um pequeno Deus que cria seu próprio universo, valendo-se de diversos instrumentos e símbolos para seus propósitos.

Não se sabe se os druidas traçavam círculos em suas práticas mágicas, mas sabemos, por meio de registros históricos, que seus ritos secretos aconteciam em clareiras e, provavelmente, nos antigos círculos megalíticos pré-célticos.

Há uma passagem, muito interessante, no texto *Scéla Éogain ocus Cormaic*,[51] que sugere, talvez, o uso mágico do círculo de

51. A história de Éogan e Cormac.

proteção por druidas. No texto, assim é descrito o nascimento de Cormac Mac Art:

> Quando Cormac nasceu, o druida ferreiro Olc Aiche colocou sobre ele cinco anéis de proteção: contra assassinato, afogamento, fogo, feitiçaria, lobos, contra todo o mal.

Supõe-se que esses cinco anéis, ou marcas, fossem a representação da Janela de Fionn e, dessa forma, acredita-se que o *Fege Finn* foi utilizado em rituais mágicos.

Baseado nessa pequena passagem da mitologia celta e valendo-se da Janela de Fionn, é possível traçar um círculo mágico de proteção. Você pode utilizar sua varinha druídica ou seu dedo indicador para traçá-lo.

Prática:

Concentre-se e faça o exercício da Árvore do Mundo para se conectar com seu centro cósmico.

Volte-se para o Oeste[52], levante sua mão dominante[53], segurando sua vara druídica.

Comece o rito com uma saudação aos deuses e aos espíritos guardiões. Trace no ar a letra *Beith*, imaginando uma luz branca ou violeta a sair da ponta da vara ou da ponta de seu dedo.

Primeiro trace a linha vertical, de baixo para cima, da mesma forma como era traçado o Ogham nas pedras, depois a linha horizontal.

---

52. Para os antigos celtas, o dia iniciava no pôr do sol da véspera, diferentemente de nós, que calculamos o início de um dia a partir da meia-noite, portanto, o Oeste é considerado o local de início. Alguns magos preferem iniciar seus ritos voltados para o Leste, local onde o sol nasce. Sinta-se à vontade para escolher aquilo que ache melhor.
53. A mão dominante é aquela que você escreve.

Determine que haja paz nesta direção e, com a vara na altura do umbigo, com a ponta voltada para fora, dirija-se em sentido horário para a direção Norte, sempre imaginando uma luz a sair da vara.

Trace no Norte a letra *hÚath*, como anteriormente. Determine paz nesta direção e dirija-se para o Leste.

No Leste trace a letra *Muin* e repita o mesmo procedimento, como já explicado.

No Sul trace a letra *Ailm* e dirija-se novamente para o Oeste.

Desta vez, no Oeste, trace a letra *Luis*.

Você irá repetir este procedimento até completar as 20 letras, formando cinco círculos ao seu redor, semelhante à Janela de Fionn.

Após concluir as 20 letras, dirija-se aos pontos colaterais, invoque sabedoria no Noroeste e trace o *forfid Ébad*; realização no Nordeste e trace o *forfid Óir*; transformação no Sudeste e trace os *forfeda Uilleann* e *Iphín*; purificação no Sudoeste, o *forfid Eamhancholl*.

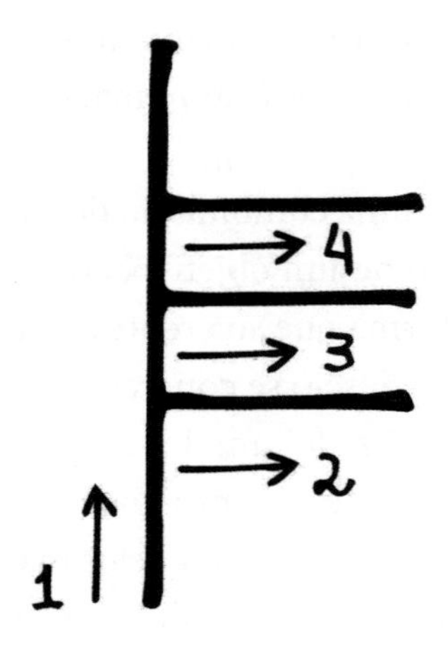

Forma correta de traçar a letra ogâmica

O círculo mágico está feito, você pode dar início ao seu trabalho mágico em seu interior ou agradecer a todos os deuses e espíritos envolvidos e seguir com suas atividades normais, sentindo-se, realmente, protegido.

Não será necessário desfazer o círculo, mas é importante que ao fim do rito, sejam feitos os devidos agradecimentos, que a paz seja determinada a todos os envolvidos e que os espíritos sejam liberados.

Sigilo Ogâmico

A palavra sigilo vem do latim *sigillus* e se referia ao selo de cera que era utilizado para fechar cartas e assegurar que seu conteúdo se mantivesse oculto até chegar ao destinatário. Hoje, sigilo significa, de forma geral, qualquer segredo.

Em magia, o sigilo é um desenho formado pela combinação de símbolos ou letras que visa a expressar de forma oculta o desejo do mago. Acredita-se que a combinação das letras do alfabeto Ogham seja uma forma de sigilo, pois há relatos de mensagens cifradas que foram enviadas por druidas com finalidades mágicas.

O sigilo, por ser uma combinação de símbolos ocultos que expressam um desejo ou um objetivo, atua na mente subconsciente do mago de forma que sua representação ative a energia necessária para que o desejo se concretize.

Austin Osman Spare foi um dos magos mais influentes do século 20 e seus conhecimentos místicos e artísticos fizeram com que ele se especializasse em sigilos e selos mágicos, tornando-se leitura obrigatória aos que procuram se aprofundar nessa arte.

Prática:

- **Técnica 1:**

A técnica a seguir é, talvez, a mesma utilizada no talismã ATUCMLU, encontrado na Irlanda. Consiste em criar uma mensagem cifrada, que não fará sentido para quem a ler, mas atuará na mente subconsciente até que o desejo seja realizado.

Para criar o sigilo ogâmico, o mago ou druida deve fazer o exercício da Árvore do Mundo, elevar seus pensamentos e formar seus desejos no plano astral, depois deve escrever o objetivo em um pedaço de papel. O desejo pode ser expresso em uma única palavra ou em uma frase curta. Após o registro, o mago deve riscar todas as letras repetidas da palavra ou frase. Por exemplo, se eu desejo proteção, posso escrever um encantamento como: ESTOU PROTEGIDO DE TODO O MAL. As letras repetidas são eliminadas e ficará assim:

~~E~~S~~TO~~U PR~~OTE~~GI~~DO~~ ~~DE~~ ~~TODO~~ ~~O~~ MAL

Sobraram as letras S, U, P[54], R, G, I, M, A e L.

Essas letras devem ser gravadas em Ogham sobre madeira ou outro material previamente escolhido, de acordo com a cor, dia e aspectos lunares adequados. Basta consagrá-lo e utilizá-lo. Quando o sigilo não for mais necessário, ele deve ser desmagnetizado mediante um rito simples e queimado ou lançado em água corrente.

---

54. Alguns se utilizam do caractere *Peith*, um traço ao lado da linha central, para representar a letra P. Particularmente, prefiro utilizar o *forfid Pin* ou *Iphín* para representar a letra P.

- **Técnica 2:**

Assim como na magia cerimonial, que se utiliza de *kameas*, ou quadrados mágicos relacionados aos planetas e números, nesta técnica também será utilizado um quadrado mágico para compor o sigilo. O diagrama que será utilizado foi retirado do livro de Ballymote e é conhecido como *A Margem do Córrego de Ferchertne.*

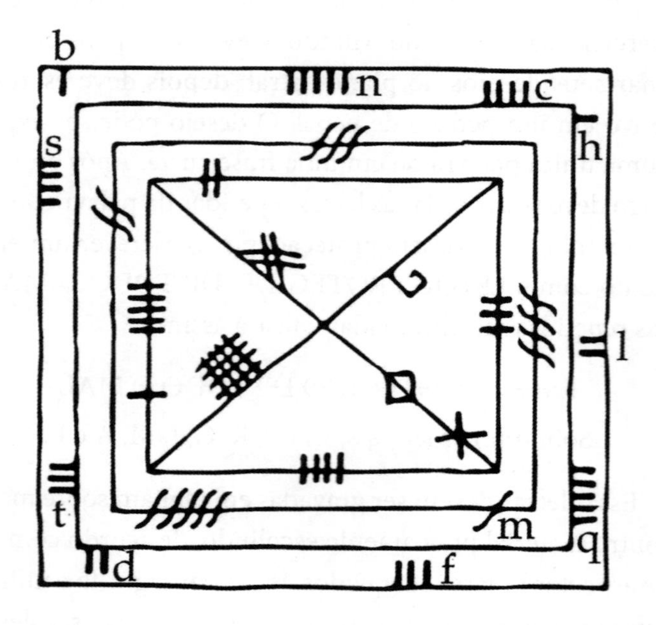

Como na técnica anterior, é preciso escolher uma palavra--chave ou uma frase. Se escolher uma frase, é preciso reduzi-la, eliminando as letras repetidas, como já explicado. Caso escolha apenas uma palavra, recomendo que seja escolhida uma que seja em gaélico irlandês ou em outra língua celta.

Para confeccionar o sigilo, basta ligar as letras com um traço, iniciando com o caractere *eite* > e finalizando com uma flecha, como no exemplo a seguir:

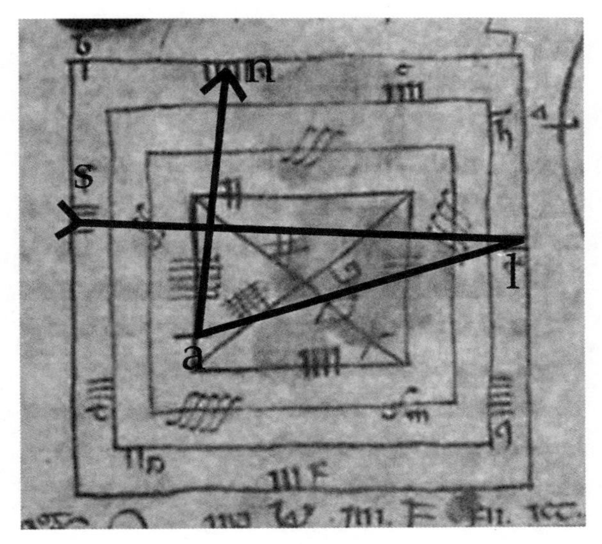

Ex: Sigilo com a palavra *Slán* (Saudável/Favorável)

O quadrado mágico é apagado e o sigilo ficará desta forma:

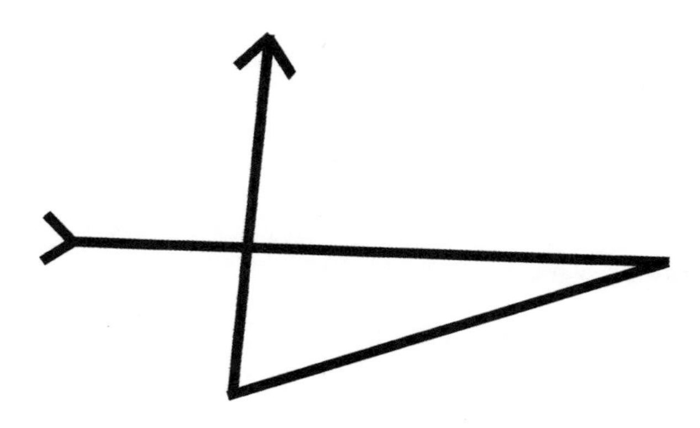

Quando o sigilo não for mais necessário, ele deve ser desmagnetizado por meio de um rito simples e queimado ou lançado em água corrente.

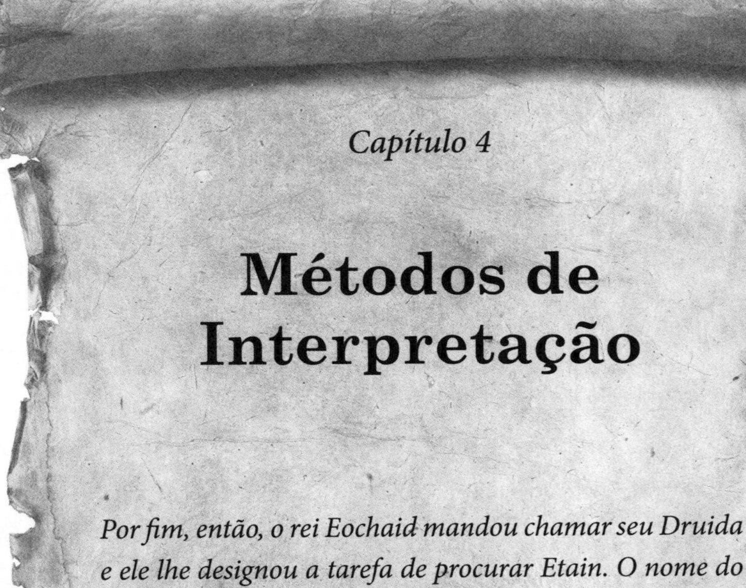

Capítulo 4

Métodos de Interpretação

Por fim, então, o rei Eochaid mandou chamar seu Druida e ele lhe designou a tarefa de procurar Etain. O nome do druida era Dalan. E Dalan veio diante dele naquele dia; e seguiu para o ocidente, até chegar na montanha que depois ficou conhecida como Slieve Dalan; e ele permaneceu ali naquela noite. E o Druida considerou uma coisa dolorosa, que Etain ficaria escondida por um ano, e então ele fez três varinhas de teixo; e sobre as varinhas escreveu em Ogham; e pelas chaves de sua sabedoria, e pelo Ogham, lhe foi revelado que Etain estava no monte das fadas de Bri Leith e que Mider a tinha levado para lá.

Tochmarc Étaine

Baralho e Varetas Ogham

O baralho oracular que acompanha este livro foi cuidadosamente criado com símbolos e imagens arquetípicas que tem por finalidade facilitar o aprendizado do Ogham. Resolvi agregar imagens simbólicas ao baralho, pois ao contrário dos sinais, que possuem uma função objetiva, limitada e direta, os símbolos sugerem significados complexos e representam ideias, possibilitando uma imensa série de analogias que enriquecerão a interpretação oracular. Meu objetivo não é descaracterizar o Ogham, mas introduzir o estudante ao rico universo simbólico celta. As letras ogâmicas sempre serão a fonte e a base de todo conhecimento do oráculo, portanto, é importante e imprescindível reconhecê-las, independentemente dos símbolos que as acompanham, pois eles são mutáveis.

O primeiro e mais importante fator que devemos observar nas cartas, evidentemente são as letras ogâmicas. Para compreendê-las é preciso que você se pergunte: "além da haste central, quantas linhas possui esta letra?", "para que lados as linhas apontam?" Essa observação é fundamental, pois além de identificar qual grupo (*aicme*) a letra pertence, é possível inseri-la no sistema de contagem quíntuplo, como explicado. Dessa forma, as letras que possuem linhas que apontam para sua direita, pertencem ao *aicme Beith*. Linhas que apontam para sua esquerda, ao *aicme hÚath*. Letras com linhas na transversal pertencem ao *aicme Muin* e linhas na horizontal, ao *aicme Ailm*. Outro fator importante são os nomes das letras, pois mesmo que a pronúncia não esteja correta, ao lê-las é possível fazer uma rápida associação às letras latinas equivalentes, ou seja, *Beith* está associada à letra B, *Luis* à Letra L, *Fearn* à letra F e assim por diante.

A imagem arquetípica é uma representação de um arquétipo, mas não o arquétipo em si. Temos como exemplo a vigésima letra, *Idad*, onde utilizei a imagem arquetípica de um bardo celta, uma representação do arquétipo Senex ou Mana (o velho sábio). O bardo toca uma harpa, um símbolo celta de tradição oral e suas roupagens azuis representam o infinito. Esta é uma, dentre tantas outras possibilidades de leitura da imagem na carta.

As cartas são realmente úteis e práticas para fins oraculares, contudo, ao se aprofundar nos estudos, alguns oraculistas podem sentir a necessidade de confeccionar suas próprias varetas Ogham, resgatando antigas técnicas de arte e magia celta.

Para fazer suas varetas Ogham, serão necessários 20 ou 25 galhos ou varetas do mesmo tamanho, 10 cm é o ideal, mas pode escolher o tamanho que for melhor para sua necessidade. Você pode recolhê-los na natureza, pode ser galhos secos, encontrados aos pés de uma árvore ou, se preferir, pode cortar um galho e deixá-lo secar. Se for cortar um galho, faça com muito respeito e cuidado para não machucar a árvore. O momento ideal para essa poda é durante a lua minguante, onde a seiva da árvore se concentra nas raízes, fazendo com que os galhos sequem facilmente.

Há quem prefira utilizar sementes, cascas de árvore, pedras ou cristais, o material não importa, desde que seja natural. O importante é gravar as letras corretamente e que o material seja facilmente manuseável.

Você pode esculpir, gravar, pirografar, pintar ou desenhar as letras ogâmicas no material escolhido. O processo de gravar os sinais nas varetas é muito importante, pois a cada letra gravada ou pintada, deve-se meditar e refletir sobre os símbolos atribuídos a ela e seus significados oraculares, uma verdadeira imersão no oráculo, um prelúdio para a consagração. No caso das cartas, o processo de imersão é o mesmo, contemple o trabalho artístico, reflita e medite sobre os símbolos e os significados das letras, integrando-se com o oráculo.

Após concluído o processo de criação, guarde seu Ogham em um saco e o mantenha longe do alcance de estranhos. Lembre-se, o Ogham é uma ferramenta oracular, ele não é sagrado por si, mas você pode torná-lo sagrado, respeitando sua origem ancestral e se tornando íntimo dele.

Observando sinais

Tudo o que acontece durante uma consulta oracular deve ser interpretado como sinais que irão agregar às respostas para o consultante, ou seja, gestos, sons, acontecimentos, odores, fenômenos naturais, animais, etc. Tudo deve ser levado em consideração, tornando a consulta mais rica e completa.

Na antiga Escócia havia uma espécie de augúrio conhecido como *Frith*, em que o adivinho, ao fazer a predição, deveria seguir uma série de rituais como jejuar, fazer alguns gestos e recitar determinados encantamentos até direcionar seu olhar para um determinado lugar à espera de um sinal, que pode ser uma visão de um animal ou pessoa. A interpretação é feita de acordo com os movimentos dos animais, pessoas ou fenômenos climáticos. Há diversas listas que esclarecem se determinados sinais são auspiciosos ou nefastos, seria inútil reproduzir uma lista como essa aqui, pois muitos animais ou gestos humanos não fariam sentido para pessoas que vivem em outras regiões, distantes de terras celtas. Entretanto, todo povo ou cultura possui suas próprias interpretações de determinados sinais, por exemplo, em muitos países, inclusive no Brasil, o uivar de um cão é um sinal de mau agouro, assim como a visita de uma mariposa ou o piar de uma coruja. Já a visita de animais da cor branca, aroma de flores e o canto de alguns pássaros são considerados bons presságios.

Em uma consulta oracular esse processo de interpretação de sinais se dá por meio da intuição, no entanto, requer muita atenção do oraculista para que nenhum sinal passe despercebido.

Vale lembrar que varetas ogâmicas ou cartas que caem aleatoriamente devem ser consideradas como sinais adicionais e não devem ser ignoradas, pois contêm mensagens preciosas que poderão auxiliar na questão do consultante.

Alguns atribuem esses sinais aos deuses e espíritos, outros, porém, preferem encará-los como sincronicidade. Independentemente de como você compreenda esses sinais, não deixe de observá-los, isso fará com que sua percepção seja aguçada cada vez mais.

Antes de passar para os métodos de interpretação, ressalto mais uma vez que o oraculista ou o oráculo não são responsáveis pela vida futura do consultante. Há um ditado antigo que diz "os astros inclinam, mas não determinam", ou seja, o oráculo aponta as influências, mas não assegura os fatos. A interpretação oracular de Ogham visa a decodificar determinados símbolos e sinais que auxiliarão o consultante, demonstrando certas influências até então desconhecidas. Não podemos, em hipótese alguma, determinar o que acontecerá na vida do consultante. Lembrem-se, o consultante é senhor de seu destino e cabe a ele seguir as orientações do oráculo ou não.

Consagração

Após imergir nos símbolos ogâmicos, será necessário consagrar o baralho ou varetas para fins oraculares,[55] assim como para fins mágicos ou talismânicos. Para isso é preciso que a pessoa que utilizará o oráculo esteja sintonizada e familiarizada com o Ogham por meio de estudos e meditações.

A consagração não serve apenas para purificar e recarregar o Ogham energeticamente, é, antes de tudo, uma dedicação da pessoa para com o oráculo, talismã ou instrumento, criando, dessa forma, um vínculo psíquico ou espiritual. A purificação acontece inicialmente na pessoa, portanto, sintonize-se com o Ogham, dedique-se e esteja aberto aos sinais.

Sobre uma toalha ou em seu altar, disponha os seguintes itens que serão utilizados no ritual de consagração:

- Baralho Ogham (ou varetas e talismãs confeccionados por você).
- Um sino ou qualquer outro instrumento para marcar o início e o fim do ritual.

55. Esse é apenas um exemplo de ritual druídico politeísta que pode ser adaptado de acordo com suas crenças, sejam elas pagãs, cristãs, místicas ou quaisquer outras.

- Uma vela ou uma lamparina.
- Um recipiente com água.
- Zimbro ou olíbano (ou qualquer outra erva de sua preferência que servirá como incenso).
- Carvão e um recipiente para queimar incenso (turíbulo).

O ritual é um tempo fora do tempo, um momento em que nos retiramos da vida mundana e nos voltamos para o sagrado, portanto, reserve um lugar tranquilo e silencioso, desligue os aparelhos eletrônicos e mantenha o foco no ritual que iniciará.

Espíritos guardiões

Em rituais druídicos é costume pedir permissão aos espíritos guardiões do lugar onde será feito o ritual, seja na natureza, seja dentro de sua residência. O espírito guardião é o responsável pelo lugar (*genii loci*). Dessa forma, para o bom andamento do ritual é preciso sua permissão. Alguns druidas fazem oferendas aos espíritos guardiões, mas, apenas um pedido honroso já é o suficiente. Algo como:

- Espíritos Guardiões deste lugar sagrado, sejam honrados.
- Espíritos Guardiões deste lugar, peço permissão para dar início ao ritual de consagração do Ogham (ou do talismã).

Após a solicitação toque o sino três vezes e dê início ao ritual. Caso seja negado o pedido de permissão você saberá a resposta, siga sua intuição.

Elementos primordiais

Aqui se inicia o ritual propriamente dito. O Fogo e a Água são os elementos primordiais da criação na concepção druídica, portanto, representam a síntese do universo.

Segundo Estrabão[56], os druidas acreditavam que a alma humana e o Universo são indestrutíveis, mas, no fim, somente a água e o fogo prevalecerão. O propósito dos rituais druídicos é a reconstrução simbólica da criação do Universo, ao acender a chama de uma vela e despejar água em um recipiente estamos reconstruindo esse padrão mágico primordial[57].

O fogo é o símbolo sagrado da inspiração divina e a água simboliza a passagem entre o mundo dos mortais e o mundo dos imortais, é a fonte de sabedoria.

Acenda a vela ou qualquer outra chama pedindo por inspiração:

Acendo o fogo druídico
E peço aos imortais que concedam inspiração.

Deposite a água em um recipiente e diga:

Despejo a água sagrada
Fonte de inspiração e sabedoria.

---

56. Estrabão foi um historiador, geógrafo e filósofo grego que viveu no século 1 A.E.C.
57. Há outras formas de recriar simbolicamente a criação do Universo em rituais druídicos, o mais comum é o sacrifício humano, animal ou vegetal praticados na Antiguidade e o sacrifício simbólico praticado atualmente.

Purificação

Saining é um encantamento de proteção e purificação de um objeto, lugar ou pessoa, praticados pelos antigos celtas escoceses. Esse antigo encantamento é feito com fogo, água e defumação.

O zimbro era utilizado na antiga Escócia como incenso de purificação, entretanto, hoje podemos utilizar qualquer tipo de incenso ou erva seca para esse propósito.

Acenda o carvão na chama da vela até que vire brasa, deposite o carvão em um recipiente próprio ou em um turíbulo e ponha o zimbro, o olíbano ou outro tipo de incenso sobre a brasa até que solte fumaça. Caminhe em círculo três vezes, ao redor da toalha ou altar onde se encontra seu conjunto Ogham, em *deiseal*, ou seja, no sentido horário, enquanto borrifa água ao redor e sobre o Ogham. Espalhe a fumaça do incenso da mesma forma enquanto entoa o seguinte encantamento de purificação:

Pela força do céu, seja purificado
Pela luz do sol, seja abençoado
Pelo clarão da lua, seja imaculado
Pelo esplendor do fogo, seja iluminado
Pela velocidade do relâmpago, seja carregado
Pela agilidade do vento, seja inspirado
Pela profundidade dos mares, seja lavado
Pela firmeza da terra, seja guardado
E, pela solidez da rocha, este encantamento está consumado.[58]

---

58. Encantamento inspirado em um fragmento da oração de São Patrício, baseado no *Dúile*, os elementos da tradição irlandesa pré-cristã.

Invocação

Estamos no ápice do ritual. As varetas ou o baralho já estão purificados, agora é o momento de consagrá-las através da união mística com a divindade. Você pode invocar qualquer divindade de sua devoção ou arquétipos do seu inconsciente, no entanto, as divindades gaélicas ligadas ao Ogham são Brigit, Deusa da inspiração poética e Ogma, o Deus criador do Ogham.

Segue um exemplo de invocação para a Deusa Brigit:

Esteja presente, elevada Deusa Brigit
Brigit, a Deusa
Brigit, a Ferreira
Brigit, a Curandeira.

As serpentes sairão de suas tocas
Não molestarei as serpentes
E as serpentes não me molestarão.

Conceda inspiração, amada Brigit.

A rainha virá do monte encantado
Não molestarei a rainha
E a rainha não me molestará.

Conceda o dom da profecia, poderosa Brigit.

O fogo, o sol, e a luz do luar não poderão me queimar;
As águas, o lago e o mar não poderão me afogar;
As setas das fadas e os dardos encantados não poderão me machucar,

Pois estou sob a proteção de Brigit.

Consagro este Ogham em seu nome, ó Brigit.[59]

---

59. Invocação inspirada no hino *Sloinntireachd Bhride, Genealogia de Bríde* encontrado no *Carmina Gadelica*, Vol. 1, por Alexander Carmicheal de 1900. Recolhido da tradição popular escocesa.

Encerramento

O encerramento é tão importante quanto o início do ritual, pois no início foi criado um tempo fora do tempo e um espaço fora do espaço, um ambiente mágico e sagrado, que ao final deve ser desfeito para que haja uma distinção do sagrado e do mundano.

É feito um agradecimento aos espíritos e divindades que estiveram presentes durante o ritual e é costume desejar paz a todos. Toca-se o sino três vezes para demarcar o encerramento, a vela pode ser apagada e utilizada em outros rituais e a água deve ser vertida na terra ou em um córrego de águas limpas.

Algumas pessoas utilizam-se de uma pequena fórmula mágica antes de cada interpretação ogâmica, como:

Ogma da face solar
Conceda-me a inspiração
Para que os mistérios ogâmicos, eu possa desvendar.

Após a consagração, o Ogham pode ser utilizado em consultas oraculares e os talismãs empregados para seus determinados fins.

Métodos

Método *Três Mundos*

Como visto anteriormente, a cosmologia celta é composta por três reinos ou mundos (Terra, Mar e Céu). O número 3 tinha um especial valor pelos antigos celtas, comprovado pela abundância de triplicidades encontrados na arte, filosofia e espiritualidade desse povo.

Este método, comum entre alguns druidas modernos e reconstrucionistas, foi adaptado por mim, tornando a jogada mais dinâmica e intuitiva. Você deve pintar em um pedaço de tecido o seguinte diagrama:

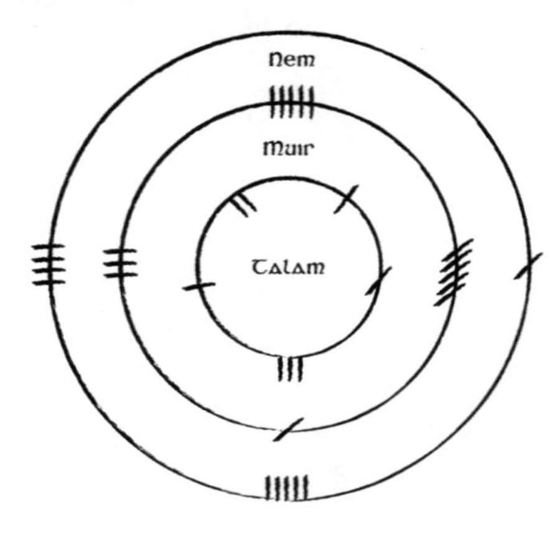

Primeiro, sorteia-se de 3 a 9 *feda* (há alguns que utilizam os 20 *feda*) da bolsa ou saco onde está guardado seu conjunto Ogham. Deve-se lançá-los de uma só vez sobre o diagrama a partir do centro mentalizando a questão. A interpretação é feita de acordo com as posições dos *feda* sobre os círculos.

No círculo interno está escrito, em Ogham, *Talam*, que significa Terra e representa tudo o que é concreto e objetivo. Relaciona-se ao mundo físico como o corpo, a saúde, o trabalho, o sexo, o dinheiro, etc. Indica também o momento presente e as mensagens ou conselhos dos espíritos da natureza.

No próximo círculo está escrito *Muir*, ou seja, Mar, pois o mar envolve a terra. Representa todos os aspectos emocionais do consultante, como raiva, tristeza, medo e alegria. Indica também acontecimentos passados que estão influenciando a vida presente do consultante e mensagens ou conselhos dos ancestrais. Simboliza o subconsciente.

Por fim, no círculo externo está escrito *Nem*, isto é, Céu, que encobre os demais mundos. Representa toda influência espiritual na vida do consultante, como inspiração e conselhos divinos. Indica acontecimentos futuros e qual é o melhor caminho para a solução da questão exposta. Simboliza o inconsciente.

Os *feda* que caírem fora do tecido serão descartados, mas costumo verificá-los e os interpreto como influências externas.

Se um *fid* cair entre dois círculos, serão interpretados os dois aspectos oraculares.

Se um *fid* cair invertido ou inclinado o significado oracular não muda. Normalmente deixo que a intuição indique qual *fid* está vibrando seu aspecto inverso.

Também é possível tirar apenas um único *fid* ou carta para cada Mundo sem, necessariamente, utilizar o diagrama. A primeira carta representa a Terra, a segunda, o Mar e a terceira, o Céu.

Nos significados oraculares de cada *fid* há algumas palavras-chave para cada Mundo, servindo como um guia para sua interpretação.

Método *Dúile*

Este método é baseado nos *Dúile*, os nove elementos celtas, já explicados anteriormente. O método abrange diversos setores da vida do consultante, ideal quando se quer ter uma visão geral dos acontecimentos futuros. As cartas ou varetas são dispostas de baixo para cima, como na figura abaixo:

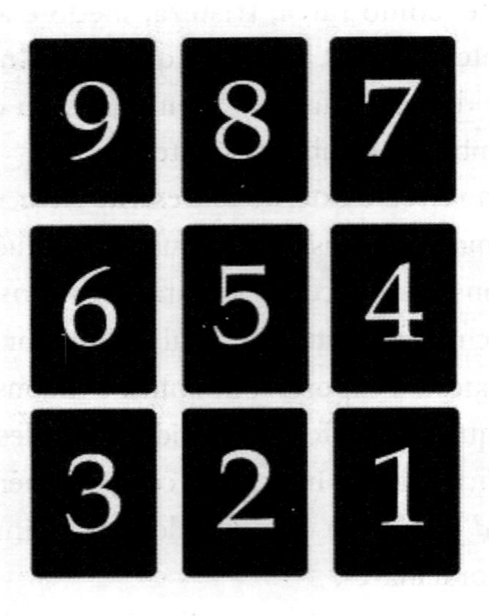

A interpretação é feita da seguinte forma:

Material

- Casa 1 – Rochas (ossos): base, lar e segurança
- Casa 2 – Terra (carne): trabalho e finanças
- Casa 3 – Vegetação (pele e cabelo): comunicação e relacionamentos

Mental/emocional

- Casa 4 – Vento (respiração): saúde e mudanças
- Casa 5 – Mar (sangue): emoções, sentimentos, o amor
- Casa 6 – Nuvens e raios (cérebro): estudos, equilíbrio e controle

Espiritual

- Casa 7 – Lua (mente): memória, lembranças, o passado
- Casa 8 – Sol (face): o Eu, personalidade, o presente
- Casa 9 – Céu (cabeça): conhecimento espiritual, o futuro

Para uma interpretação mais ampla, pode-se tirar dois *feda* para cada casa e a interpretação é feita combinando os significados das letras.

Método *Aicmí*

Para o método dos *aicmí* serão utilizadas as 20 letras ogâmicas, que serão dispostas em uma sequência de quatro grupos, um *fid* ao lado do outro, como segue:

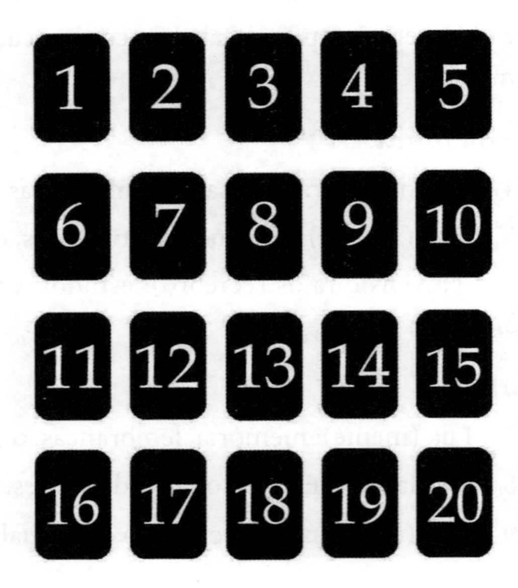

Cada casa, onde serão dispostas as letras (em varetas ou em cartas), representa um aspecto na vida do consultante e está relacionada a um *fid*. Dessa forma, temos os significados das casas:

Aicme Beith (Espiritual)

- Casa 1 – o que precisa ser purificado e expurgado, a raiz do problema, aspectos espirituais
- Casa 2 – a vitalidade, bens materiais, dinheiro
- Casa 3 – o que precisa ser contido, guardado e protegido
- Casa 4 – o mundo interior, as preocupações
- Casa 5 – o meio social, a família, a mãe

Aicme hÚath (Mental)

- Casa 6 – o obstáculo, aquilo que o impede de progredir
- Casa 7 – a justiça, a casa, o pai
- Casa 8 – habilidade, inteligência e dons
- Casa 9 – sabedoria, estudo e conhecimento
- Casa 10 – perdas e privações

Aicme Muin (Emocional)

- Casa 11 – o sacrifício, o esforço, o trabalho
- Casa 12 – o que está crescendo
- Casa 13 – o que precisa ser sanado, curado
- Casa 14 – aquilo que está oculto, ilusão
- Casa 15 – aquilo que o deixa nervoso, ansioso

Aicme Ailm (Físico)

- Casa 16 – as novidades, a infância, os filhos, o novo
- Casa 17 – o que precisa ser mudado, viagens
- Casa 18 – o que precisa morrer, ou já morreu, o fim
- Casa 19 – os relacionamentos, parcerias, amigos
- Casa 20 – o aprendizado, a experiência, o futuro

A interpretação é feita cruzando as informações do *fid* em uma casa específica e, posteriormente, o resumo geral. Se um *fid* cair na casa correspondente, aquele setor deve ser interpretado com atenção, pois terá o valor redobrado.

Por ser um método oracular que abrange diversos aspectos na vida do consultante, não será necessário fazer perguntas, porém, podemos direcionar a interpretação, focando nos aspectos que ele possui mais interesse.

Exemplo de interpretação:

O consultante não fez uma pergunta específica, mas gostaria de saber quais as tendências futuras. Interpretação feita para o prazo de seis meses.

Casa 1: Ruis

Sugere que o consultante é uma pessoa nervosa e fechada, preocupa-se com pequenas coisas, causando, dessa forma, esgotamento físico e psíquico. Aconselha-se que o consultante mantenha a calma, não se preocupe tanto com certos assuntos, livre-se de assuntos que o preocupam.

Casa 2: Luis

Como saiu o *fid* regente da casa, seu valor redobra, indicando, nesse caso, que o consultante está financeiramente estável. Não significa riqueza, mas sugere que possui o suficiente para se sustentar e não há com que se preocupar.

Casa 3: Onn

É preciso conter a necessidade de mudança, segurar as rédeas da vida. O consultante é uma pessoa que necessita de movimento, mas, por enquanto, o momento fala de contenção.

Casa 4: Saille

O *fid* regente caiu em sua casa, o que indica que há um excesso de preocupações internas e, mais uma vez, sugere isolamento.

Casa 5: hÚath

Como *hÚath* é um *fid* de alerta e obstáculo, aconselha que o consultante tenha atenção redobrada, pois haverá empecilhos no seu meio social. Pede que não deposite sua confiança em colegas de trabalho ou em membros de sua família.

Casa 6: Edad

Aqui reforça o significado da carta anterior, ou seja, não depositar total confiança em supostos amigos ou parceiros.

Casa 7: Beith

Indica mudanças e renovações no lar, uma boa notícia a caminho, nada drástico ou inesperado. Pode ser uma mudança positiva na rotina.

Casa 8: Tinne

Tinne na casa regente sugere que o consultante é reconhecido por seu trabalho, mas há a necessidade de algo que o estimule mais.

Casa 9: Ailm

Indica que o consultante pensa em retomar os estudos, está maturando a ideia e revela que há a possibilidade que isso ocorra nos próximos seis meses. Há a necessidade de buscar novos conhecimentos.

Casa 10: Nion

Expressa incompreensão por parte de amigos e colegas. O momento pede que o consultante não seja o centro das atenções, que seja discreto em seus afazeres.

Casa 11: Coll

É preciso muita sagacidade para lidar com possíveis sobrecargas de responsabilidade.

Casa 12: Gort

Gort em sua casa regente indica uma fase de grandes ganhos e colheitas, ou seja, o consultante irá colher os frutos de seu trabalho.

Casa 13: Muin

Indica que há a necessidade de relaxar, deixar o peso das responsabilidades de lado e aproveitar mais a vida, cuidar do corpo e da mente.

Casa 14: Duir

Pede que o consultante não se iluda com os momentos de segurança e estabilidade, pois tudo é mutável e nada é estável.

Casa 15: nGétal

O consultante deve tomar cuidado com estresse, agitação e nervosismo, pois isso se refletirá em seu corpo, causando, dessa forma, doenças.

Casa 16: Úr

Não haverá novidades. Sugere lembranças e tristezas do passado, que o impedem de viver o novo.

Casa 17: Idad

Complementando a carta anterior, o consultante não consegue fazer uma escolha, por se manter preso ao passado. Sente-se estagnado.

Casa 18: Quert

A solidão pode torná-lo uma pessoa ressentida.

Casa 19: Straif

Indica cuidado com amigos e parcerias falsas, o que reforça as cartas anteriores.

Casa 20: Fearn

Indica que no futuro o consultante irá se isolar, como resultado de experiências e acontecimentos presentes.

Percebemos que o consultante se sente, muitas vezes, irritado, pois não consegue sair de onde está. Mesmo que financeiramente seguro, ele não está realizado em seu trabalho. Há diversos indícios de amigos falsos ou pessoas com más intenções e, devido a isso, o consultante prefere se isolar, cortar completamente o contato, o que será um grande erro! O momento pede que o consultante seja discreto, não se afaste completamente dos possíveis falsos amigos ou parceiros, nem se isole, pois, o isolamento, pode lhe causar tristezas e frustrações ou mesmo doenças. Não há indício de grandes mudanças, mas é um bom momento para se dedicar aos estudos, sobre o qual o consultante já vem pensando há algum tempo, e ao lar.

Método *Janela de Fionn*

A Janela de Fionn (*Fege Finn*) é um diagrama encontrado no *Livro de Ballymote*, onde os *feda* são organizados em cinco círculos concêntricos.

Há muitas teorias modernas sobre o real significado desse diagrama, talvez a chave para esse enigma seja o próprio nome *Fege Finn*. A palavra *Fege* ou *Feige* pode significar tanto uma janela, quanto a cumeeira ou o poste central que sustentava a casa circular da Idade do Ferro. Dessa forma, o *Fege Finn* simboliza o telhado de uma casa celta. Em meditações druídicas a Janela de Fion funciona como um portal para outros mundos ou mesmo a representação simbólica da Árvore do Mundo por onde o druida escala para descobrir novos reinos.

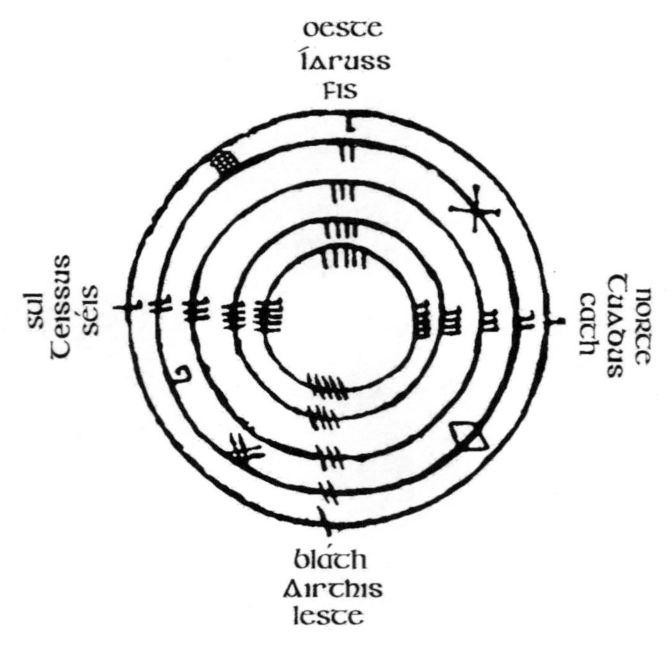

Fege Finn

Alguns estudiosos do Ogham sugerem que a Janela de Fionn seja um mapa associado às províncias da Irlanda (há outros que o associam ao escudo do herói Fionn). No antigo texto *Suidigud Tellaig Temra* a Irlanda é assim dividida por Fintan: conhecimento no Oeste, batalha no Norte, prosperidade no Leste, música no Sul, realeza no Centro.

Províncias da Irlanda

Apesar de não concordar completamente com essa teoria (que a Janela de Fionn é um mapa associado às províncias irlandesas), devo reconhecer que é muito interessante essa associação para fins oraculares, contudo, antes de qualquer associação às direções, vejamos um antigo mapa da Irlanda:

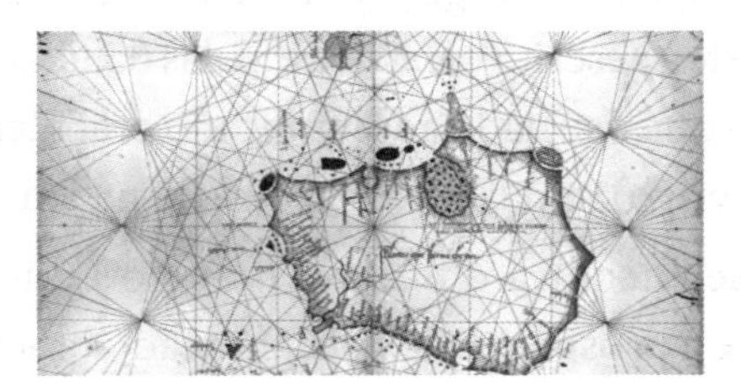

Mapa mais antigo da Irlanda separada, contido em um atlas feito emVeneza em 1468 [60]

60. Fonte: www. irishtimes.com/culture/ireland-s-oldest-known-separate-map. expectded-to-fetch-3-million-1.1982656

Até o século 16 os mapas da Irlanda, assim como o mapa da imagem anterior, eram orientados para o Oeste e não para o Norte, como o são hoje. Sabemos que alguns mapas medievais europeus eram orientados para o Leste, direção do sol nascente e de Jerusalém, mas curiosamente os mapas irlandeses se voltavam para o Oeste. Como sabemos, muitos mitos irlandeses mencionam viagens e jornadas ao desconhecido Oeste, local onde se encontra o grande oceano pontilhado de ilhas sobrenaturais, morada das fadas e dos ancestrais. Se realmente associarmos as províncias irlandesas ao *Fege Finn,* devemos, creio eu, respeitar essa orientação. Voltemos à Janela de Fionn...

Cada *aicme* é nomeado (e por extensão, regido) por um *fid*, dessa forma, no alto temos o *aicme Beith*, a base e o fundamento de todos os outros *feda*; do lado esquerdo do diagrama está o *aicme hÚath*, os primeiros desafios, etc., portanto:

- O *aicme Beith* está associado ao Oeste, como nos antigos mapas irlandeses, à província de Connacht e ao Conhecimento. Repare que o Oeste é o local conhecido por ser a morada dos ancestrais e fadas, fonte de sabedoria e conhecimento. A primeira letra ogâmica criada foi um *Beith*.
- Do lado esquerdo da figura está o Norte, associado à província de Ulster, descrito como o local das batalhas e obstáculos, intimamente associado ao significado oracular do *fid hÚath* (medo, perigo), o regente do *aicme* de mesmo nome.
- Abaixo se encontra o *aicme Muin* e o Leste, associado a Leinster e à prosperidade. O significado oracular de *Muin*, regente do *aicme* do mesmo nome, é trabalho/esforço/sacrifício e, segundo minha interpretação, simboliza o caldeirão sacrificial da abundância (Santo Graal), fonte da prosperidade.

- Finalmente, do lado direito da figura está o *aicme Ailm* e o Sul, associado à Mulster e à música. *Ailm*, regente do *aicme* de mesmo nome, simboliza o primeiro som que um recém-nascido emite, ou seja, a origem de todo som, música ou poesia.

Assim como no método dos Três Mundos, o oraculista ou vate[61] sorteia de três a nove *feda* da bolsa ou saco onde está guardado o Ogham e os lança de uma só vez sobre o diagrama[62], mentalizando a pergunta. A interpretação é feita de acordo com as posições dos *feda* no diagrama.

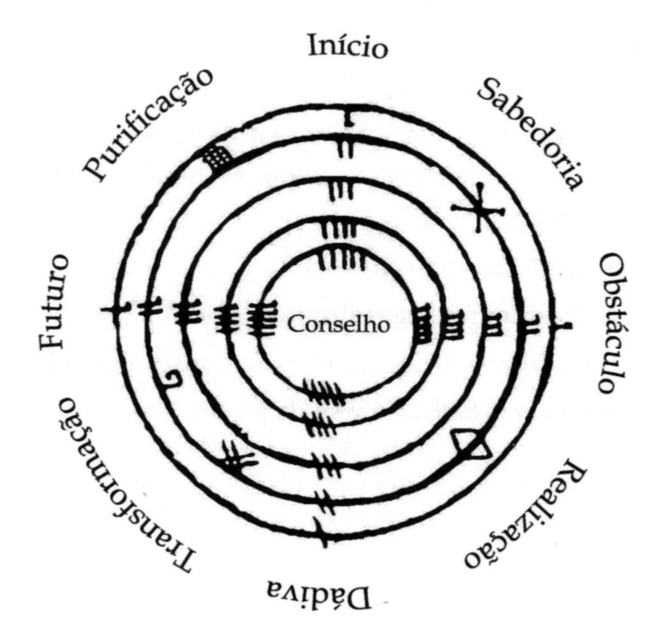

61. Profeta, poeta e adivinho. Um sacerdote druídico.
62. Que deverá ser previamente desenhado em um tecido.

- Os *feda* que caírem no alto da figura (Oeste) indicam quais são as raízes da questão, aquilo que é conhecido, a origem, o início da jornada.
- Os *feda* que caírem do lado esquerdo da figura (Norte) indicam quais os problemas, obstáculos, contendas e desafios.
- Os *feda* que caírem abaixo (Leste) indicam quais as dádivas, ganhos, dons e caminhos que devem ser percorridos, a ação que deve ser tomada.
- Os *feda* que caírem do lado direito da figura (Sul) indicam o desfecho da situação, o futuro e o resultado.
- Os *feda* que caírem no centro indicam conselhos.
- Os *feda* que caírem fora da figura são interpretados como fatores inconscientes.
- Os *feda* que caírem sobre os sinais *forfeda*, nos pontos colaterais, são encarados como orientações e caminhos, desta forma:
    - *Ébad*: caminho da sabedoria.
    - *Óir*: caminho da realização.
    - *Uilleann* e *Iphín*: caminho da transformação.
    - *Eamhancholl*: caminho da purificação.

Exemplo de interpretação:

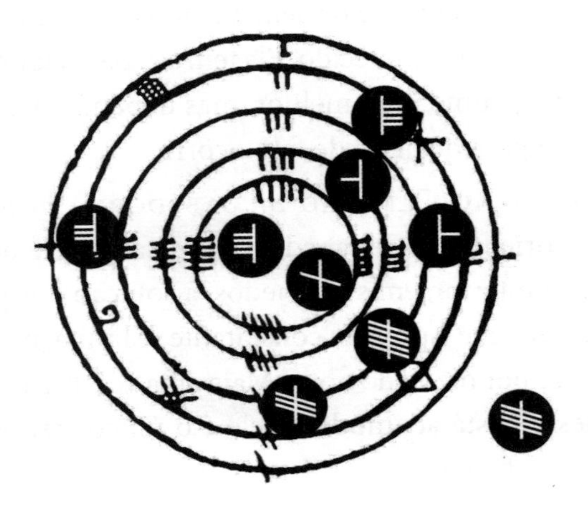

Pergunta: O consultante está com problemas financeiros e profissionais, quer saber se sua situação melhorará e o que deve fazer para que isso ocorra.

- Início: não caíram *feda* neste setor, isso indica que o consultante está consciente dos motivos que o levaram à crise financeira.
- Obstáculo: *Beith* como obstáculo indica que o consultante vibra a energia do passado, não consegue dar início a uma nova etapa em sua vida, precisa se livrar daquilo que o impede de prosseguir. Aqui sugere que o consultante não está satisfeito com seu trabalho e salário, mas, ainda assim, sente-se seguro em seu emprego e tem medo de se arriscar em algo novo.
- Dádiva: *nGétal* como dádiva indica que há a oportunidade de se livrar dessa situação, ou seja, mudar de emprego, adaptando-se ao novo, contudo, o novo pode causar desconforto momentâneo. É preciso "mexer na ferida" para atingir seu objetivo.

- Futuro: *Tinne* como futuro indica que o consultante será reconhecido pelos seus talentos, talvez receba o tão sonhado salário merecido. Ele tem a capacidade e a destreza de ocupar um cargo melhor, mas dependerá apenas de si mesmo para que isso de fato ocorra.
- Orientação/Caminho da Sabedoria: *hÚath* e *Saille* como orientação de sabedoria, indica que ele deve buscar em seu interior, em seus medos, a solução dos problemas. Aqui vejo que o próprio consultante se limita, não consegue avançar por medo do novo. Mais uma vez, fica evidente que o mesmo está acomodado, ele é o único responsável por sua crise financeira.
- Orientação/Caminho da Realização: *Ruis*, como orientação da realização, indica que é necessário lutar por seus objetivos, sair da zona de conforto, é preciso agir, caso contrário, resultará em grandes frustrações.
- Conselho: *Coll* e *Muin*, como conselhos, indicam que somente mediante muito trabalho, renúncias e sacrifícios, o consultante será reconhecido, mas não deve encarar esse sacrifício como algo ruim, e sim como algo que trará bons resultados.
- Fatores Inconscientes: *Straif* indica medo do desconhecido.

A falta dos *feda* do *aicme Ailm* sugere carência de perspectivas e motivações para o futuro.

O resultado é promissor, mas é preciso que o consultante dê o primeiro passo, mostre seus talentos, não tenha medo e, se não estiver satisfeito com seu trabalho ou salário, que busque algo novo, caso contrário, tornar-se-á uma pessoa frustrada e a energia do dinheiro e da prosperidade continuará estagnada.

Epílogo

Quando iniciei meus estudos na espiritualidade celta e no druidismo, sabia, desde o início, que o meu caminho seria o caminho do *Vate*, ou seja, o caminho daquele que vaticina, aquele que prediz o futuro. *Vate* é uma palavra de origem grega e seu equivalente em gaélico é *Faith* e em galês é *Gwaith*. Segundo Estrabão os *vates* celtas eram adivinhos e filósofos naturais, pois além de predizer o futuro, também possuíam os conhecimentos das ervas e da cura e, ao lado dos druidas, eram os sacerdotes que presidiam os sacrifícios, portanto, tinham uma posição privilegiada na antiga sociedade celta, da Gália à Irlanda.

Os celtas, considerados supersticiosos e dados à magia pelos romanos, tinham variadas formas de divinação, desde o augúrio[63], até a aurospicina[64] e a antropomancia[65]. Mas por que escolhi o Ogham como ferramenta oracular, nas minhas práticas como *vate* e druida? A resposta é simples: o Ogham é a síntese de toda a sabedoria e conhecimento dos antigos celtas, perfeitamente aperfeiçoado e adaptado para os dias de hoje. É um meio prático e eficiente para se obter a tão almejada

63. Observação do voo dos pássaros.
64. Leitura oracular das entranhas de animais sacrificados.
65. Leitura oracular das entranhas de seres humanos sacrificados.

inspiração, aquilo que move o druidismo moderno, o estímulo para a vida, a *Awen* dos galeses e o *Imbas* dos irlandeses.

Awen[66] é uma palavra galesa que significa "inspiração poética", o correspondente em irlandês é *Imbas*. No antigo País de Gales, aquele que é inspirado, normalmente um poeta ou adivinho, era conhecido como *awenydd*.

Os *awenyddion*[67] foram descritos como uma espécie de oráculos que ao entrarem em êxtase, provocado pela *Awen*, proferiam palavras sem coerência, mas que mesmo assim faziam todo o sentido. Geraldo de Gales (*Giraldus Cambrensis*) escreveu no final do século 12, uma breve descrição sobre os *awenyddion*:

> Há algumas pessoas em Cambria, que você não encontrará em nenhum outro lugar, são chamados de *Awenyddion*, ou Inspirados. Quando consultados sobre qualquer evento duvidoso, eles rugem violentamente, são presos ao lado de si mesmos e se tornam, por assim dizer, possuídos por um espírito. Eles não respondem de forma clara e conexa; mas a pessoa que os observa habilmente, encontrará, depois de muitos preâmbulos, e muitos discursos nulos e incoerentes, embora ornamentados, a explicação desejada; eles são despertados de seu êxtase, como de um sono profundo, e, por assim dizer, pela violência, obrigados a retornar aos seus próprios sentidos. Depois de ter respondido as perguntas, eles não se recuperam até serem violentamente agitados por outras

66. O símbolo moderno para a *Awen* (e para o neodruidismo) é composto por três linhas /|\ , outras variações mostram as três linhas partindo de três pontos. Esse símbolo foi criado por Iolo Morganwg no século 18 e foi adotado por vários grupos neodruídicos. Cada grupo tem uma interpretação diferente para esse símbolo, alguns dizem que as linhas representam o Céu, a Terra e o Mar (os Três Mundos na tradição celta), outros o interpretam como as três gotas de conhecimento que respingou no dedo de Gwion, na lenda de Cerridwen.
67. Plural de awenydd, ou seja, os inspirados.

> pessoas; nem se lembram das respostas que deram. Se forem consultados uma segunda ou terceira vez sobre o mesmo assunto, usarão expressões totalmente diferentes; talvez eles falem por meio de espíritos fanáticos e ignorantes. Esses presentes geralmente são conferidos a eles em sonhos: alguns deles têm a impressão de que o mel ou o leite adocicado está sendo derramado em suas bocas, outros acham que uma lista escrita é aplicada em suas bocas e, ao despertar, eles declaram publicamente que receberam esse presente.[68]

Já o *Imbas Forosnai*, ou "inspiração poética" era uma forma de profecia ou vidência na antiga Irlanda, praticada por poetas inspirados ou *fili*. Dessa forma, é perceptível que para os celtas gaélicos e galeses, a poesia inspirada é o fundamento de muitas práticas oraculares, inclusive do Ogham, visto como uma dádiva divina.

Espero que o Ogham seja, como foi para mim, mais que uma simples ferramenta oracular, que seja uma fonte de *Awen/ Imbas* em sua vida!

***

Oráculo dos Druidas, Oráculo das Árvores, Calendário Celta das Árvores, Runas Celtas, *Beith-Luis-Nion*, *Boibel-Lot*, Ogham... são muitos os nomes para esse alfabeto mítico de origem irlandesa que atravessou séculos, por vezes esquecido e agora redescoberto por nós, os herdeiros dos antigos *vates* celtas. Mais que um oráculo, o Ogham é um verdadeiro caminho para o desenvolvimento espiritual e para o autoconhecimento. Ao desvendar seus mistérios, viajamos pela Árvore do Mundo, onde podemos honrar e visitar os reinos dos nossos deuses, santos, guerreiros, guardiões e ancestrais.

---

68. Gerald of Wales. *Description of wales and the Journey Through Wales.*

Tratando-se de Ogham, há ainda muita coisa a ser explorada, que este livro seja o primeiro passo para um longo caminho de descobertas.

Osvaldo R Feres

Apêndice 1

Resumo Oracular

Escola das Árvores

BEITH (bétula): início, renovação, Deusa-Mãe

LUIS (sorveira-brava): proteção mágica, percepção

FEARN (amieiro): oráculo, ponte, fundamento

SAILLE (salgueiro): imaginação, intuição, feminilidade

NION (freixo): conexão, conhecimento, mundo interior

HÚATH (espinheiro-alvar): purificação, castidade, limpeza

DUIR (carvalho): nobreza, força, porta

TINNE (azevinho): coragem, justiça, equilíbrio

COLL (aveleira): criatividade, poesia, meditação

QUERT (macieira): escolha, juventude, amor

MUIN (videira): profecia, libertação, inibição

GORT (hera): mudança, busca interior, alma

NGÉTAL (junco): cura, direção, flexibilidade

STRAIF (espinheiro-negro): má sorte, desagrado, sacrifício

RUIS (sabugueiro): mudança inesperada, início e fim

AILM (abeto-prateado): vigor, visão, objetivos

ONN (tojo): integração, otimismo, reunião

ÚR (urze): romance, cura, paixão

EADHA (álamo-tremedor): determinação, comunicação, mensagens

IOHO (teixo): morte, eternidade, renascimento

KOAD (bosque): um lugar sagrado, todo conhecimento do passado, presente e futuro[69]

ÓIR (fuseira ou evônimo-europeu): doçura, deleite, inteligência repentina

UILLEAND (madressilva): segredos guardados

PHAGOS (faia): conhecimento antigo

MÓR (mar): mar, viagens, ligação maternal

69. Informações do *forfeda* retiradas do livro *Celtic Tree Oracle* de Liz e Colin Murray

Apêndice 2

Resumo Oracular

Escola do Esoterismo Ocidental

BEITH (Espírito do Ar)[70]: idade[71]

LUIS (Fogo do Ar): amor

FEARN (Água do Ar): defesa

SAILLE (Terra do Ar): morte

NION (Ar do Ar): oposição

hÚATH (Espírito do Fogo): desafio

DUIR (Fogo do Fogo): procura

TINNE (Ar do Fogo): porção

COLL (Água do Fogo): beleza

QUERT (Terra do Fogo): proteção

MUIN (Espírito da Água): esforço

GORT (Fogo da Água): satisfação

nGÉTAL (Ar da Água): cura

STRAIF (Água da Água): raiva

RUIS (Terra da Água): inspiração

AILM (Espírito da Terra): miséria

70. Informações retiradas do livro *Druid Handbook*, de John Michel Greer.

71. Informações retiradas do livro *Xamanismo Celta*, de John Matthews.

Onn (Fogo da Terra): viagem
Úr (Ar da Terra): medo
Eadha (Água da Terra): insight
Ioho (Terra da Terra): sabedoria
Koad (Espírito do Espírito): habilidade
Óir (Fogo do Espírito): verdade
Uilleand (Ar do Espírito): descoberta
Phagos (Água do Espírito): paladar
Mór (Terra do Espírito): exaustão

Apêndice 3

Resumo Oracular

Escola Reconstrucionista

BEITH (bétula): purificação, reinício, começo

LUIS (chama ou erva): sustento, prosperidade, inspiração

FEARN (amieiro): proteção, guerreiros, guardas

SAILLE (salgueiro): intuição, introspecção, sombra

NION (forquilha): paz, união, comunidade

hÚATH (medo ou terror): medo, obstáculo, inimigos

DUIR (carvalho): justiça, segurança, estabilidade

TINNE (lingote): trabalho, habilidade, criatividade

COLL (aveleira): sabedoria, conhecimento, inteligência

QUERT (farrapo ou arbusto): loucura, perdas, incompreensão

MUIN (amor ou pescoço): sacrifício, esforço e comunicação

GORT (jardim ou campo): crescimento, abundância, fertilidade

nGÉTAL (ferir): cura, saúde, ferimento

STRAIF (enxofre): mistério, segredo, oráculo

RUIS (rubor ou vermelhidão): raiva, vergonha, instinto selvagem

AILM (desconhecido, talvez grito): nascimento, gestação, início

ONN (fundação ou freixo): jornadas, movimento, vitória

ÚR (terra ou solo): morte, tristeza, finalização

EDAD (desconhecido, talvez teixo): amizade, acordos, tabu

IDAD (teixo): maturidade, ancestrais, experiência de vida

ÉBAD (desconhecido, talvez salmão): longevidade, sabedoria, ancestrais

ÓIR (ouro): beleza, dinheiro, prosperidade

UILLEAND (cotovelo): mudança, transformação, flexibilidade

IPHÍN ou PÍN (mel ou espinheiro ou pinheiro): alegria, ternura, conforto

EAMHANCHOLL (gêmeo da aveleira): doença, dor, sofrimento

Referências Bibliográficas

Aos que buscam mais conhecimento sobre Ogham e outros oráculos, recomendo a leitura de livros sobre simbologia e psicologia junguiana, além daqueles que tratam de história, mitologia e magia.

Seguem abaixo os livros consultados:

Almanaque da Lua. Editora Pensamento, 2004.

ANGWIN, Roselle. *Cavalgando o Dragão*. Editora Pensamento, 1996.

ASHCROFT-NOWICKI, Dolores; BRENNAN, J. H. *A Magia das Formas-Pensamento*. Editora Pensamento, 2009.

BANZHAF, Hajo; HAEBLER, Anna. *Palavras-Chave da Astrologia*. Editora Pensamento, 2002.

BARDON, Franz. *Magia Prática: O Caminho do Adepto*. Ground, 2007.

BARROS, Maria Nazareth Alvim de. *Uma luz sobre Avalon, celtas & druidas*. Editora Mercuryo, 1994.

BAYARD, Jean Pierre. *Os Talismãs*. Editora Pensamento, 1993.

BUTLER, E. W. *A Magia e o Mago*. Bertrand Brasil, 1998.

CAMPBELL, Joseph. *O Poder do Mito*. Editora Pallas Athena, 2012.

CARMICHEAL, Alexander. *Carmina Gadelica: Hymns and Incantations from the Gaelic*. Floris Books, 1994.

CARR-GOMM, Philip. *Os Mistérios dos Druidas: Sabedoria antiga para o século XXI*. Zéfiro, 2008.

CARR-GOMM, Philip; CARR-GOMM, Stephanie. *The Druid Animal Oracle Deck*. Red Wheel/Weiser, 2006.

____. *The DruidCraft Tarot*. St. Martin's Press, 2005.

CHEVALIER, Jean; GHEERBRANT, Alain. *Dicionário de Símbolos*. Editora José Olympio, 2012.

COOPER, Phillip. *O Mago: o Desafio da Magia Prática*. Editora Roca, 1996.

____. *Os Segredos da Visualização Criativa*. Editora Pensamento, 2002.

D'AVIELLA, Conde Goblet. *A Migração dos Símbolos*. Editora Pensamento, 1991.

DOUGLAS, George. *Scottish Fairy and Folk Tales*. Dover Publications, 2000.

ELIADE, Mircea. *Mito do Eterno Retorno*. Editora Mercuryo, 1992.

____. *O Sagrado e o Profano. A Essência das Religiões*. WMF Martins Fontes, 2010.

ELLISON, Rev. Robert "Skip". *Ogham: The Secret Language of the Druids*. Ebook edition: ADF Publishing, 2014.

FORTUNE, Dion. *Aspectos do Ocultismo*. Editora Pensamento, 2003.

____. *Autodefesa Psíquica*. Editora Pensamento, 2016.

____. *Magia Aplicada*. Editora Pensamento, 1988.

FRANZ, Marie-Louise Von. *Adivinhação e Sincronicidade: a psicologia da probabilidade significativa*. Editora Pensamento, 2001.

FRIES, Jan. *Cauldron of the Gods*: a manual of Celtic magick. Mandrake of Oxford, 2003.

GIBSON, Clare. *Como Compreender Símbolos*. Editora Senac SP, 2012.

GRAVES, Robert. *A Deusa Branca: Uma gramática histórica do Mito Poético*. Editora Bertrand Brasil, 2003.

GREEN, Miranda. *The Celtic World*. Routledge, 1996.

____. *Symbol & Image in Celtic Religious Art*. Routledge, 1992.

GREER, John Michael. *Dicionário Enciclopédico do Pensamento Esotérico Ocidental*. Editora Pensamento, 2012.

____. *The Druidry Handbook*. RedWheel/Weiser, 2006.

____. *The Druid Magic Handbook: Ritual Magic Rooted in the Living Earth*. RedWheel/Weiser, 2007.

GUEST, Lady Charlotte. *The Mabinogion*. Dover Thrift Editions, 1997.

JUNG, Carl. *O Homem e Seus Símbolos*. Editora Nova Fronteira, 2008.

KELLY, Michael. *The Book of Ogham*. Ebook edition: CreateSpace Independent Publishing Platform, 2014.

KONDRATIEV, Alexei. *Rituales Celtas*. Editorial Kier, 2001.

LAURIE, Erynn Rowan. *Ogam: Weaving Word Wisdom*. Megalithica Books, 2007.

____. *A Circle of Stones: Journeys and Meditations for Modern Celts*. Eschaton Productions Inc, 1995.

LÉVI, Eliphas. *História da Magia*. Editora Pensamento, 2015.

LEXIKON, Herder. *Dicionário de Símbolos*. Editora Cultrix, 2009.

LURKER, Manfred. *Dicionário de Simbologia*. Editora Martins Fontes, 2003.

MACALISTER, R. A. Stewart. *The Secret Languages of Ireland*. Cambridge University Press, 1937.

MACCROSSAN, Tadhg. *A Verdade Sobre os Druidas*. Editora Mauad, 2004.

MACCULLOCH. J. A. *The Religion of the Ancient Celts*. Ebook edition: CreateSpace Independent Publishing Platform, 2012.

MARKALE, Jean. *Merlim, o Mago*. Editora Paz e Terra, 1989.

MATSON, Gienna; ROBERTS, Jeremy. *Celtic Mythology A to Z*. Chelsea House, 2010.

MATTHEWS, Caitlin. *O Livro Celta Dos Mortos*. Editora Madras, 2003.

MATTHEWS, Caitlin; MATTHEWS, John. *The Complete Arthurian Tarot*. Connections Book Publishing, 2015.

____. *The Western Way: A Practical Guide to the Western Mystery Tradition – The Native Tradition*. ARKANA, 1985.

MATTHEWS, John. *À mesa do Santo Graal*. Edições Siciliano, 1989.

____. *The Camelot Oracle: A Quest for Wisdom Through the Arthurian World*. Connections Book Publishing, 2012.

____. *The Celtic Shaman's Pack: Journeys on the Shaman's Path*. Connections Book Publishing, 2017.

____. *Xamanismo Celta*. Hi-Brasil Editora, 2002.

MCMANUS, Damian. *Guide to Ogam*. An Sagart, 1997.

MONAGHAN, Patricia. *The Encyclopedia of Celtic Mythology and Folkore*. Facts On File, 2004.

MONTEIRO, Adriano Camargo. *Sistemagia*. Editora Madras, 2006.

MUELLER, Mickie. *Voice of the Trees*. Llewellyn Publications, 2011.

MURRAY, Liz e Colin. *The Celtic Tree Oracle, a system of divination*. Connections Book Publishing, 2014.

NAIFF, Nei. *Tarô, Ocultismo & Modernidade*. Editora Elevação, 2002.

ORR, Emma Restall. *Princípios do Druidismo*. Editora Hi-Brasil, 2000.

____. *Ritual – um Guia para o Amor, a Vida e a Inspiração*. Hi-Brasil, 2000.

PAUNGGER, Johanna; POPPE, Thomas. *Dicionário Lunar, o Guia do Momento Certo*. Editora Madras, 2003.

____. *O Momento Certo*. Editora Madras, 2003.

PENNICK, Nigel. *Jogos dos Deuses*. Editora Mercuryo, 1992.

QUINTINO, Claudio Crow. *O Livro da Mitologia Celta*. Hi-Brasil, 2002.

REGARDIE, Israel. *Magia Hermética: a Árvore da Vida, um Estudo Sobre a Magia*. Editora Madras, 2003.

____. *O Poder da Magia*. Ibrasa Editora, 1988.

ROLLESTON, T. W. *Myths & Legends of the Celtic Race*. David D Nickerson, 1910.

RUTHERFORD, Ward. *Os Druidas*. Editora Mercuryo, 1994.

SOUZA, Wallace William. *Apostilas Ramo de Carvalho*, 2012 e 2013.

SQUIRE, Charles. *Mitos e Lendas Celtas*. Editora Record, 2003.

STEIN, Murray. *Jung. O Mapa da Alma*. Editora Cultrix, 2015.

THORSSON, Edred. *O Oráculo Sagrado das Runas*. Editora Pensamento, 2014.

VOLGUINE, Alexandre. *Astrologia Lunar*. Editora Pensamento, 1993.